AF452248

COURS

A L'ÉCOLE DES MINES DE PARIS

PAR

M. J. CALLON

INSPECTEUR GÉNÉRAL DES MINES

DEUXIÈME PARTIE

COURS D'EXPLOITATION DES MINES

TOME DEUXIÈME

ATLAS

PARIS

DUNOD, ÉDITEUR

LIBRAIRE DES CORPS DES PONTS ET CHAUSSÉES ET DES MINES

49, QUAI DES AUGUSTINS, 49

1874

PARIS. — IMP. SIMON RAÇON ET COMP., RUE D'ERFURTH, 1.

COURS D'EXPLOITATION DES MINES

TABLE DES FIGURES

CONTENUES DANS LES PLANCHES

Échelle de la fig. 245 et 246 de 0m.005 par mètre

Échelle de la fig. 247, de 0m.005 par mètre

Échelle de la fig. 248 de 0m.005 par mètre

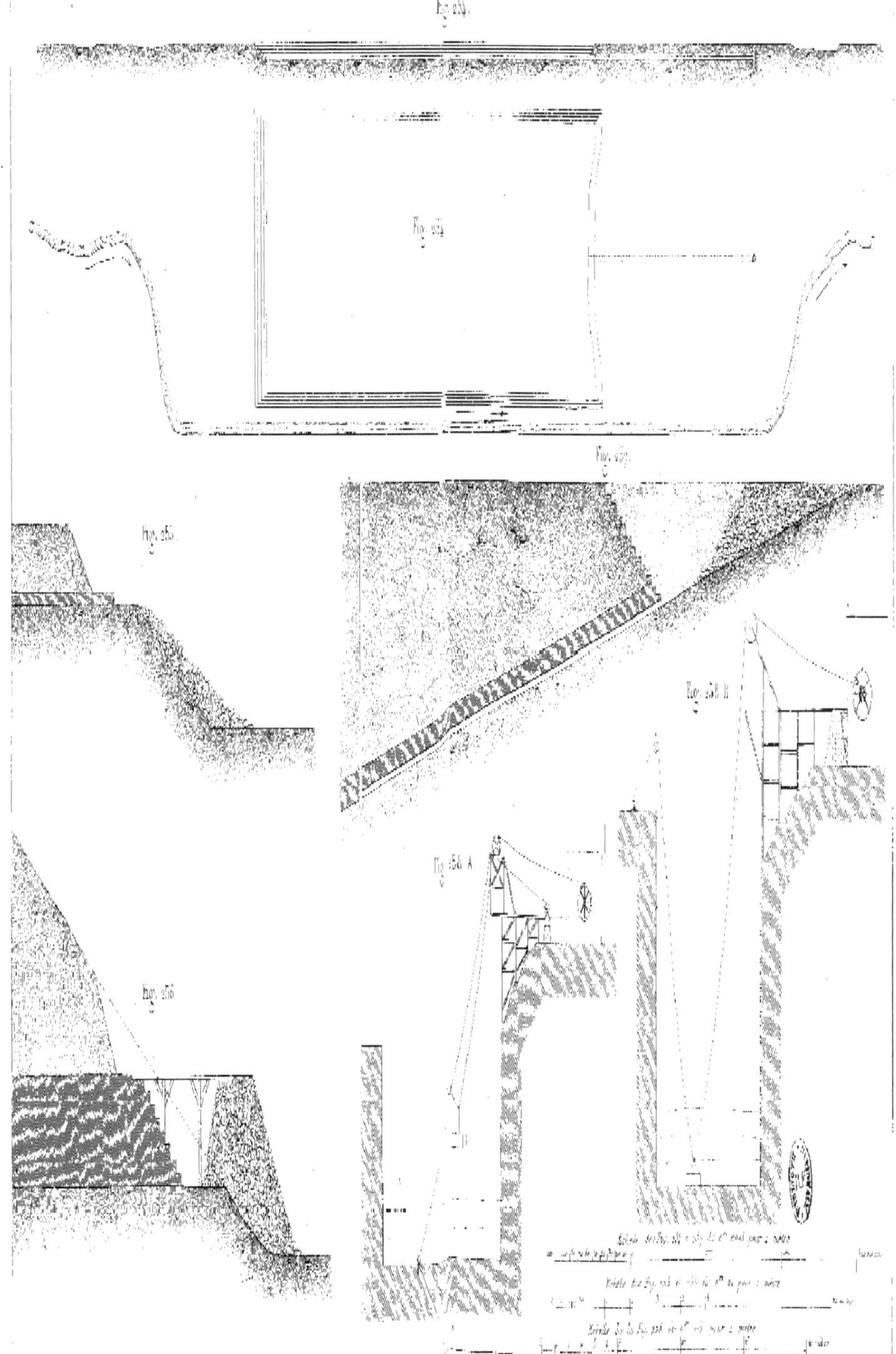
Fig. 254.
Fig. 255.
Fig. 253.
Fig. 256.
Fig. 258 B.
Fig. 258 A.

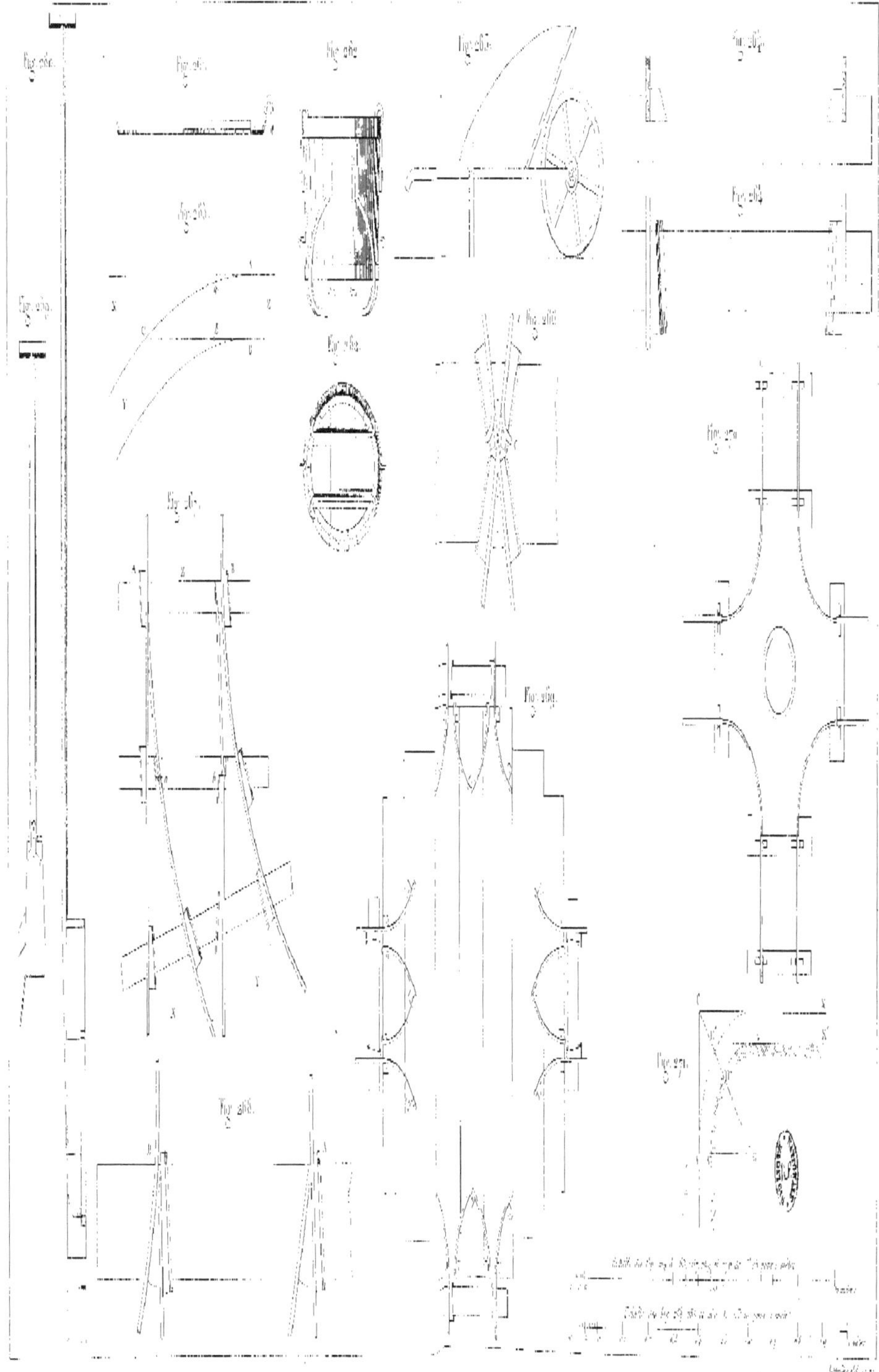

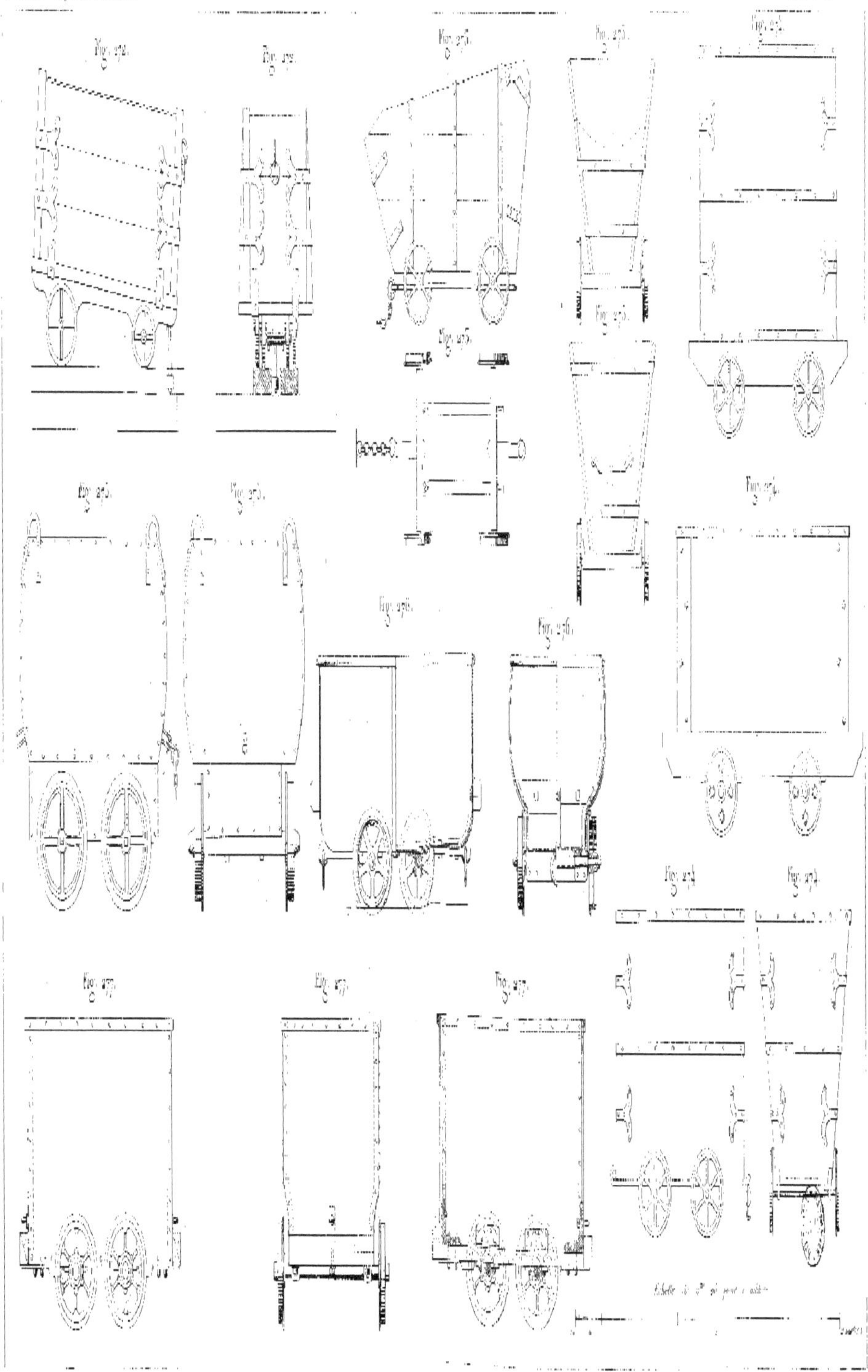

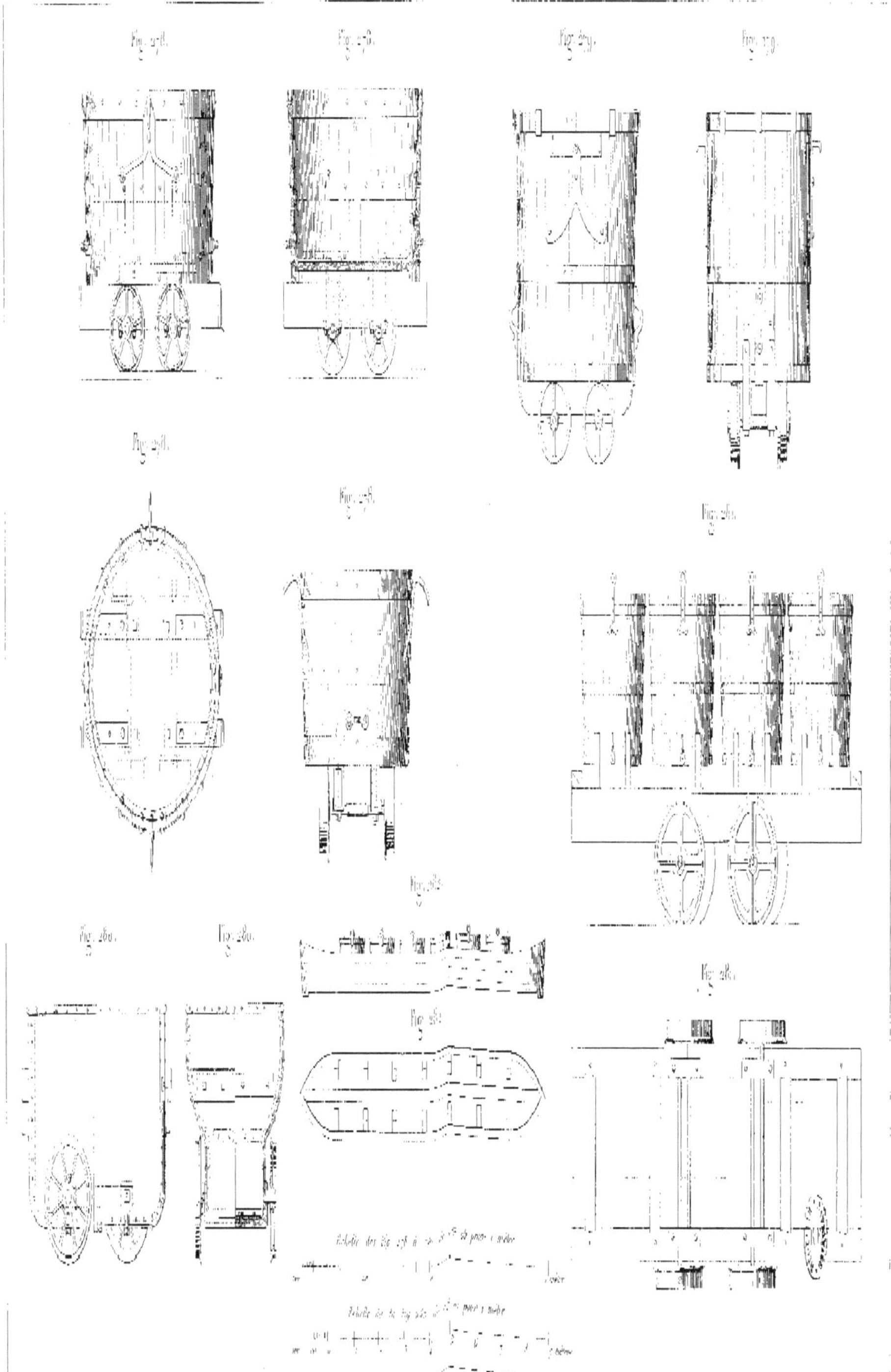

MATÉRIEL DU TRANSPORT INTÉRIEUR

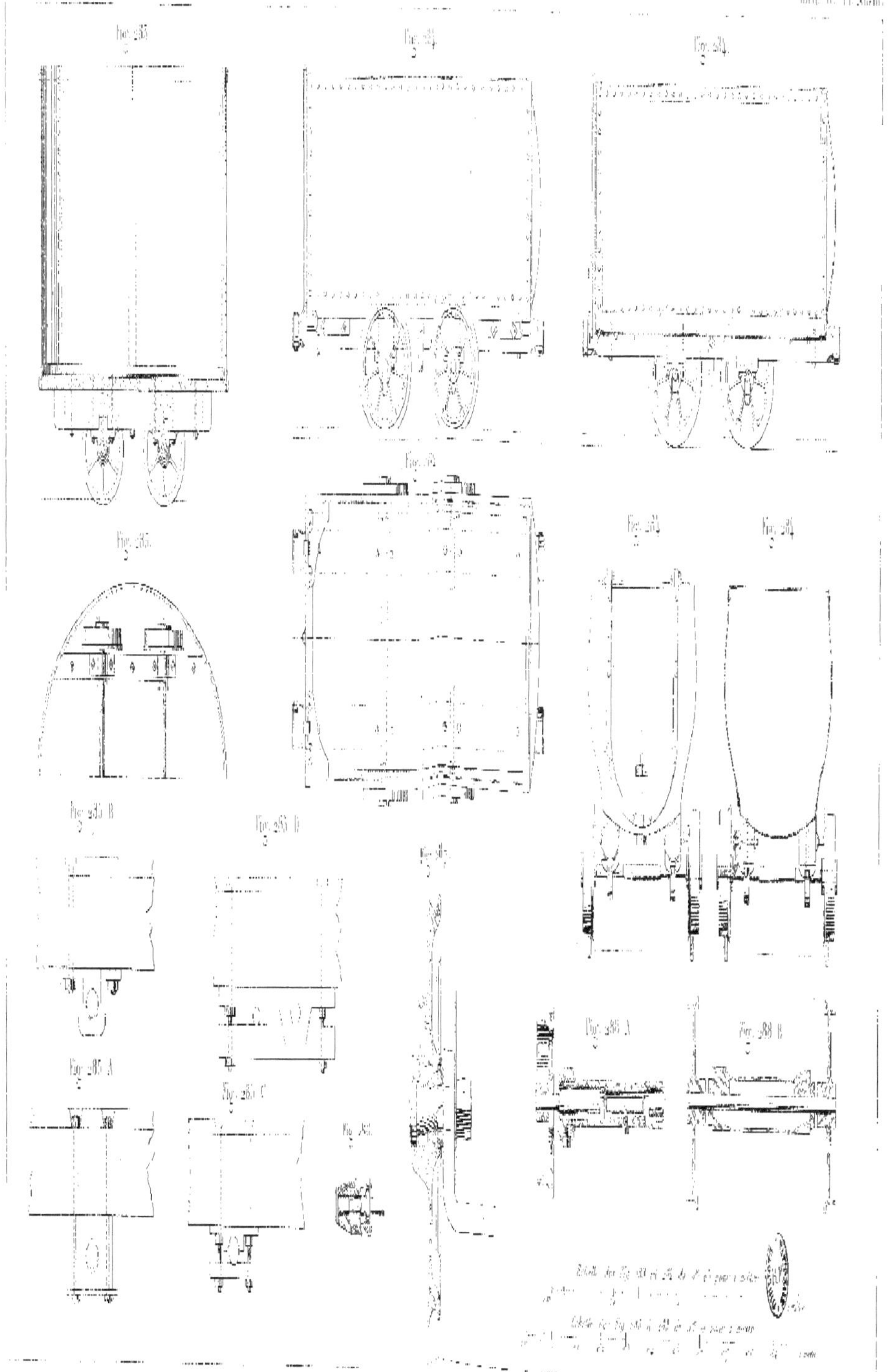

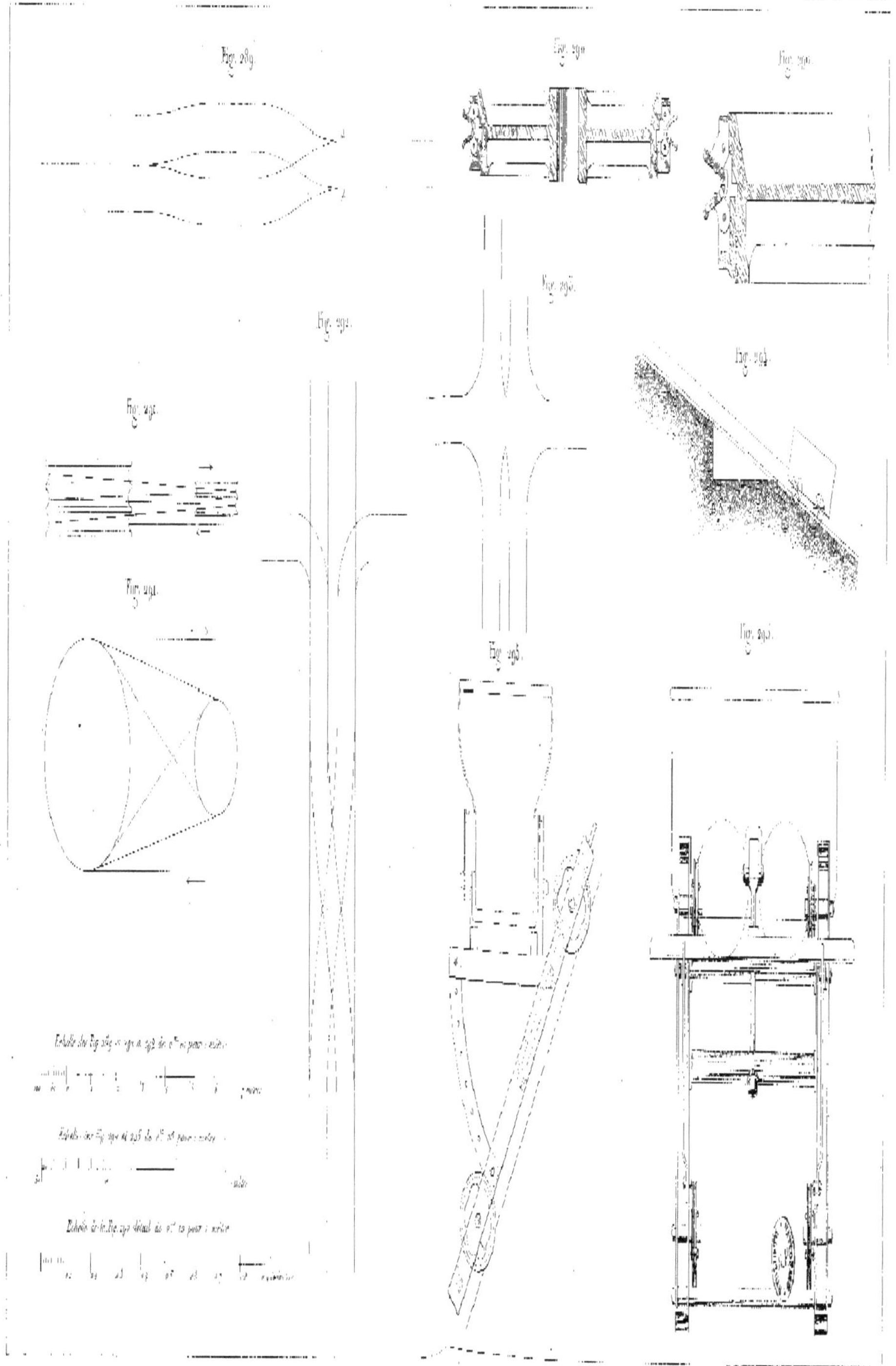

Fig. 289.
Fig. 290.
Fig. 291.
Fig. 292.
Fig. 293.
Fig. 294.
Fig. 295.
Fig. 296.
Fig. 297.
Fig. 298.

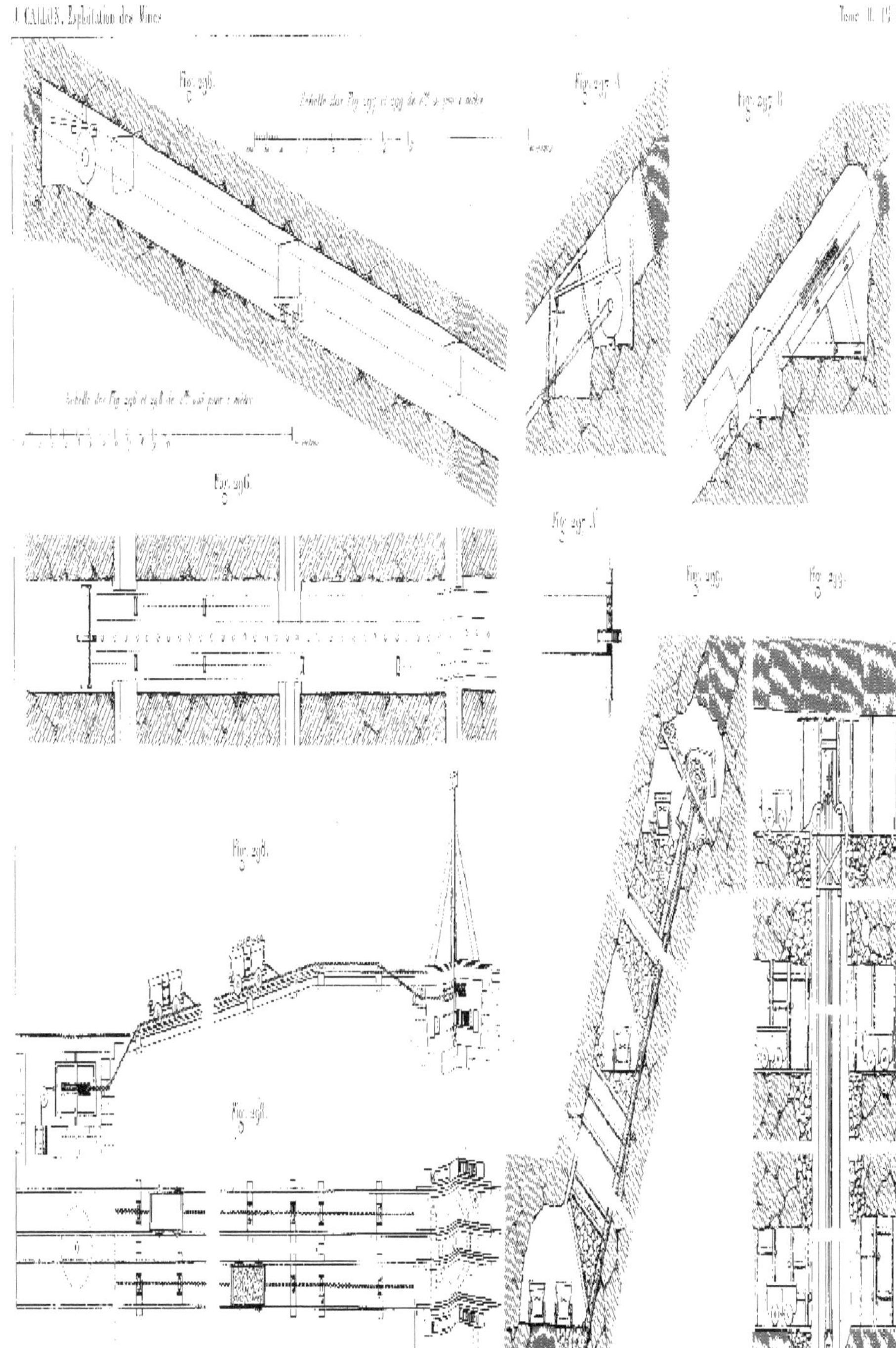

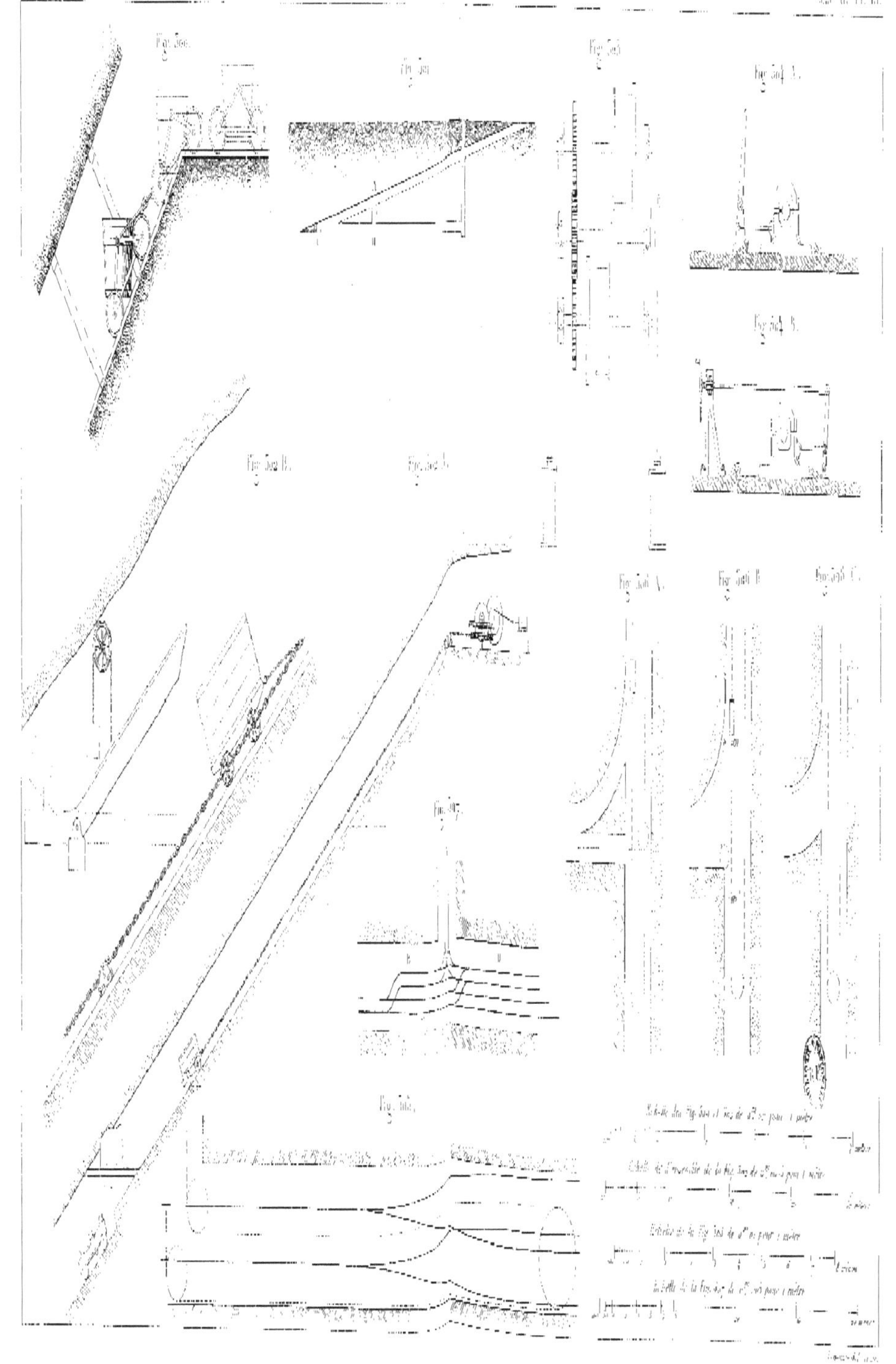

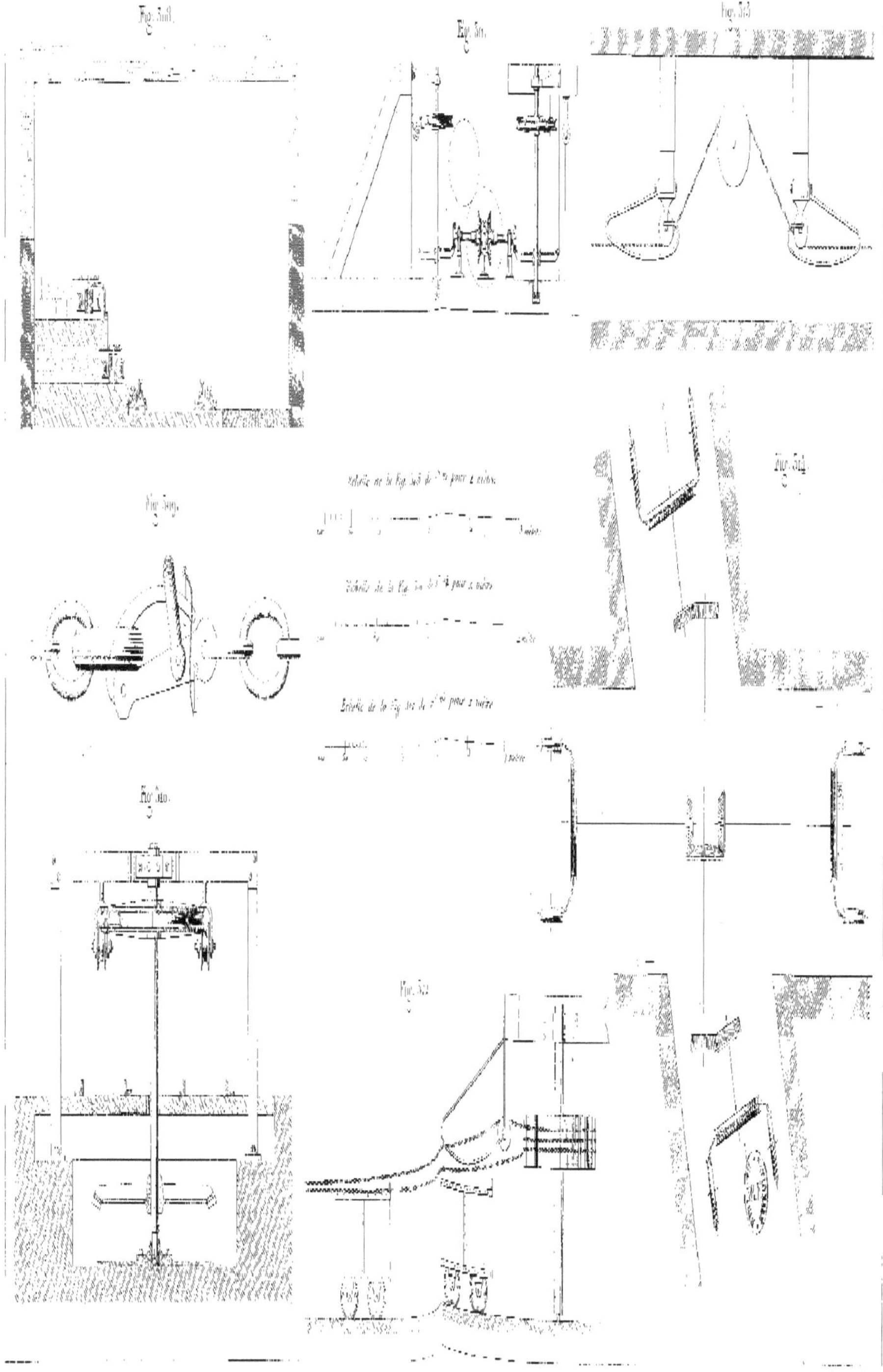
Fig. 507.
Fig. 511.
Fig. 513.
Fig. 509.
Fig. 514.
Fig. 510.
Fig. 512.
Échelle de la Fig. 513 de 0.01 pour 1 mètre.
Échelle de la Fig. 514 de 0.01 pour 1 mètre.
Échelle de la Fig. 512 de 0.01 pour 1 mètre.

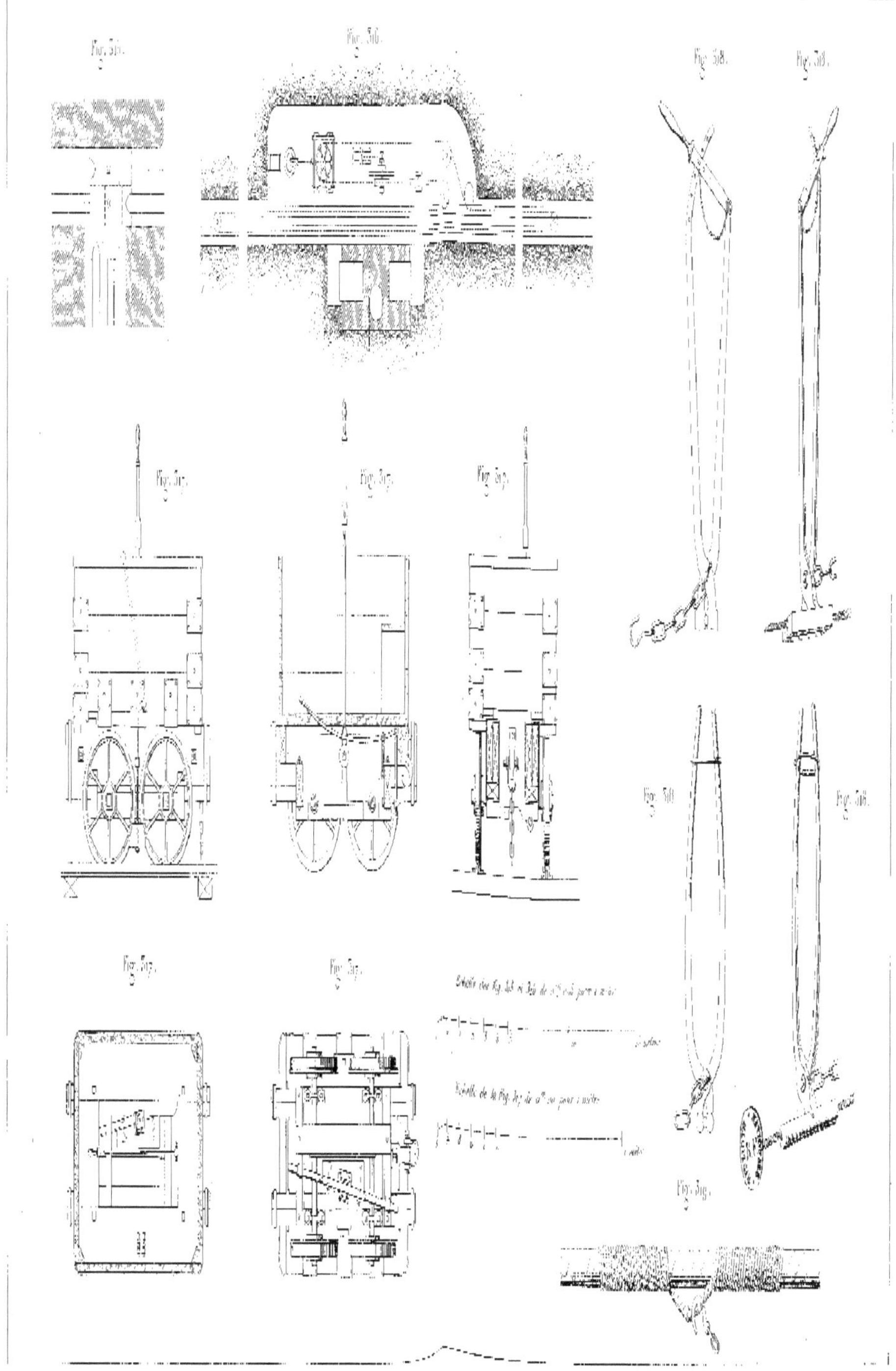
Fig. 545.
Fig. 546.
Fig. 548.
Fig. 549.
Fig. 541.
Fig. 542.
Fig. 543.
Fig. 550.
Fig. 551.
Fig. 547.
Fig. 544.
Fig. 552.

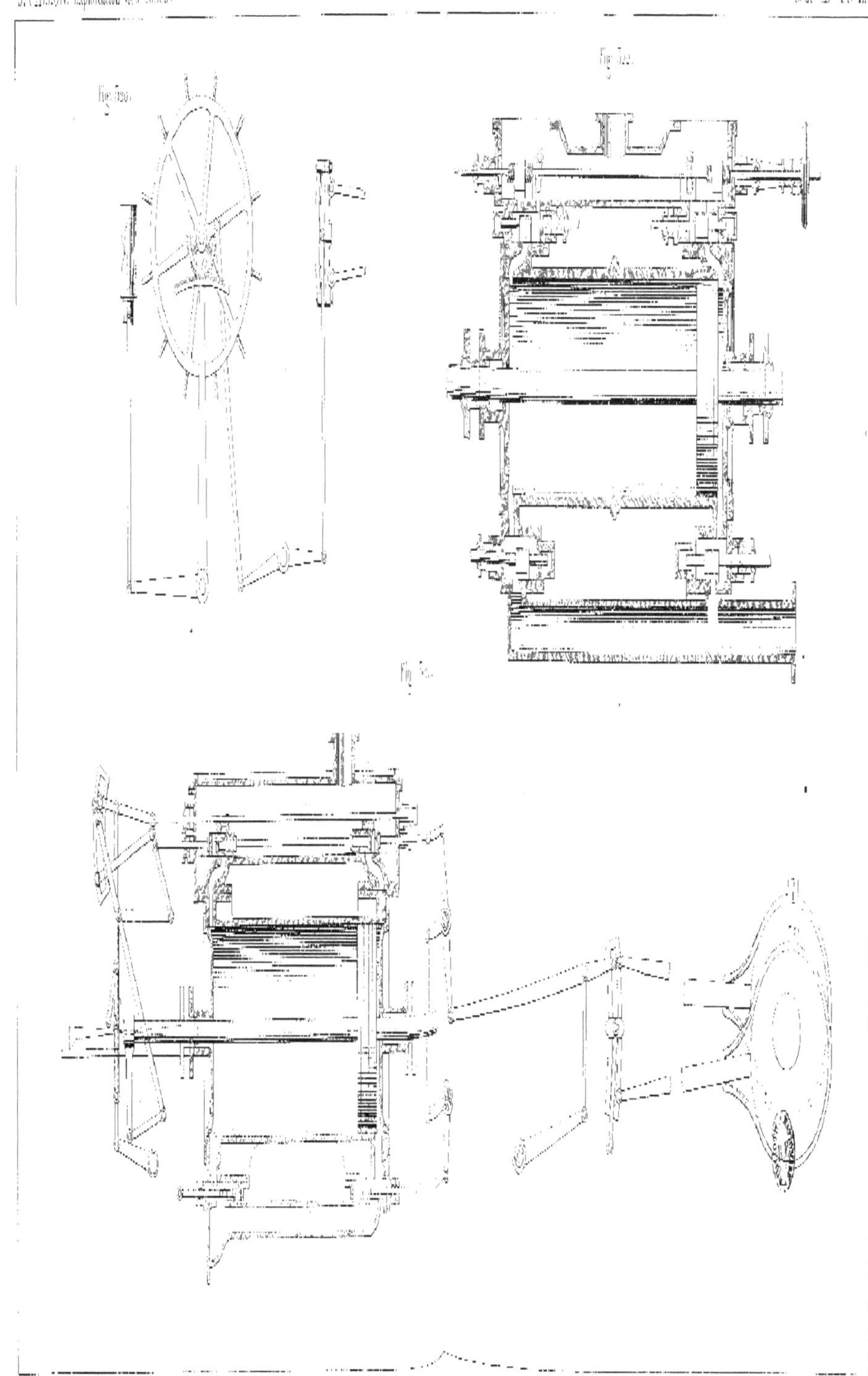

Fig. 720.

Fig. 721.

Fig. 722.

Fig. 524.

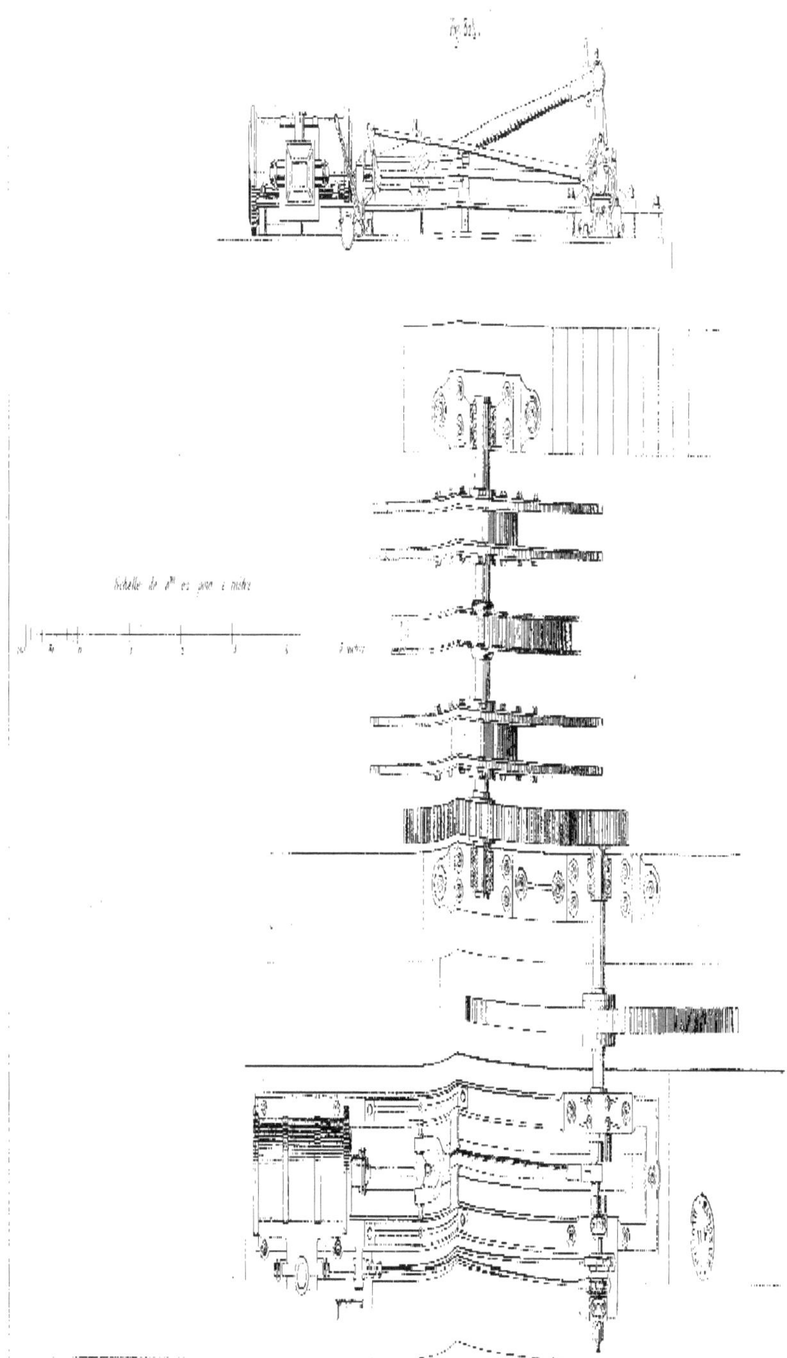

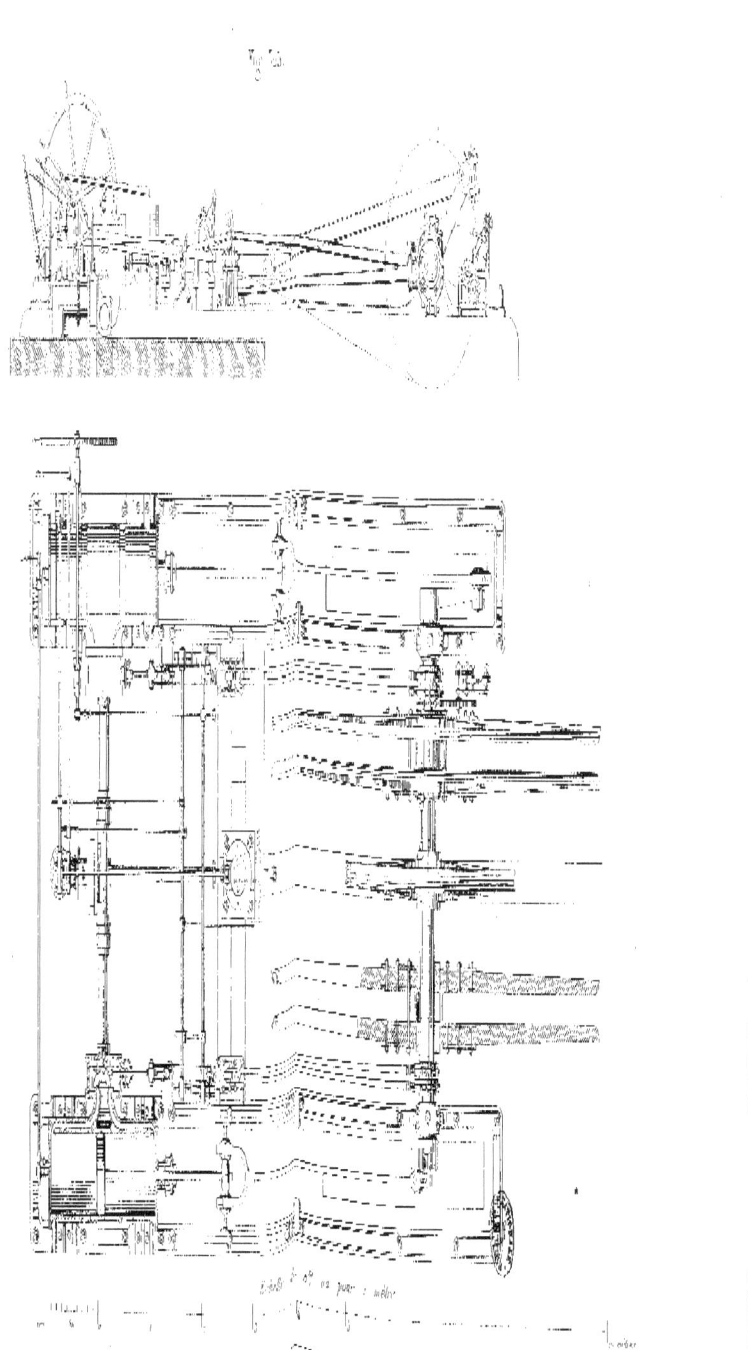

Fig. 25.

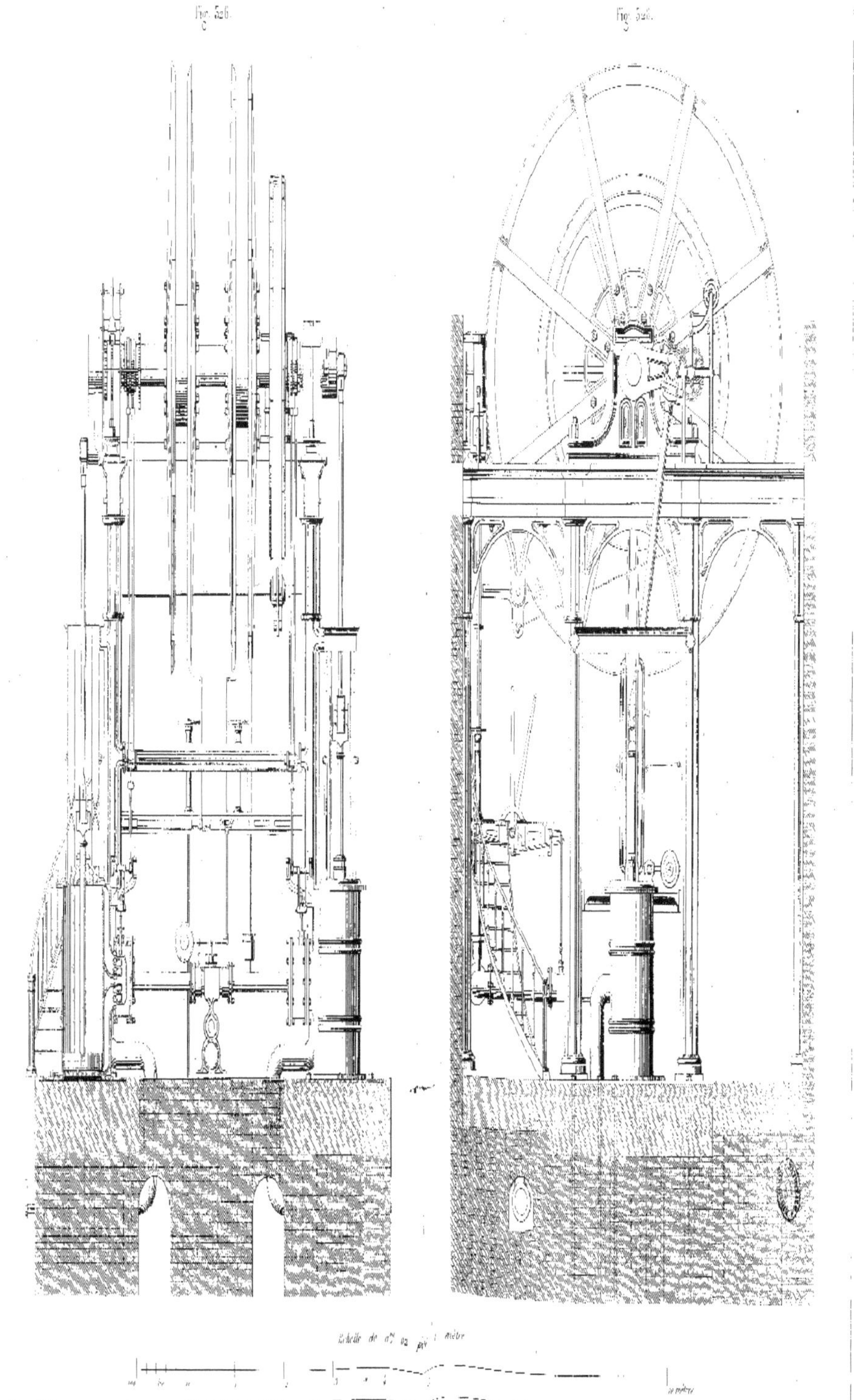
Fig. 525.
Fig. 526.
Échelle de 0,02 par mètre

Fig. 5a.
Fig. 5b.
Fig. 5c.
Echelle de 0,02 pour 1 mètre.

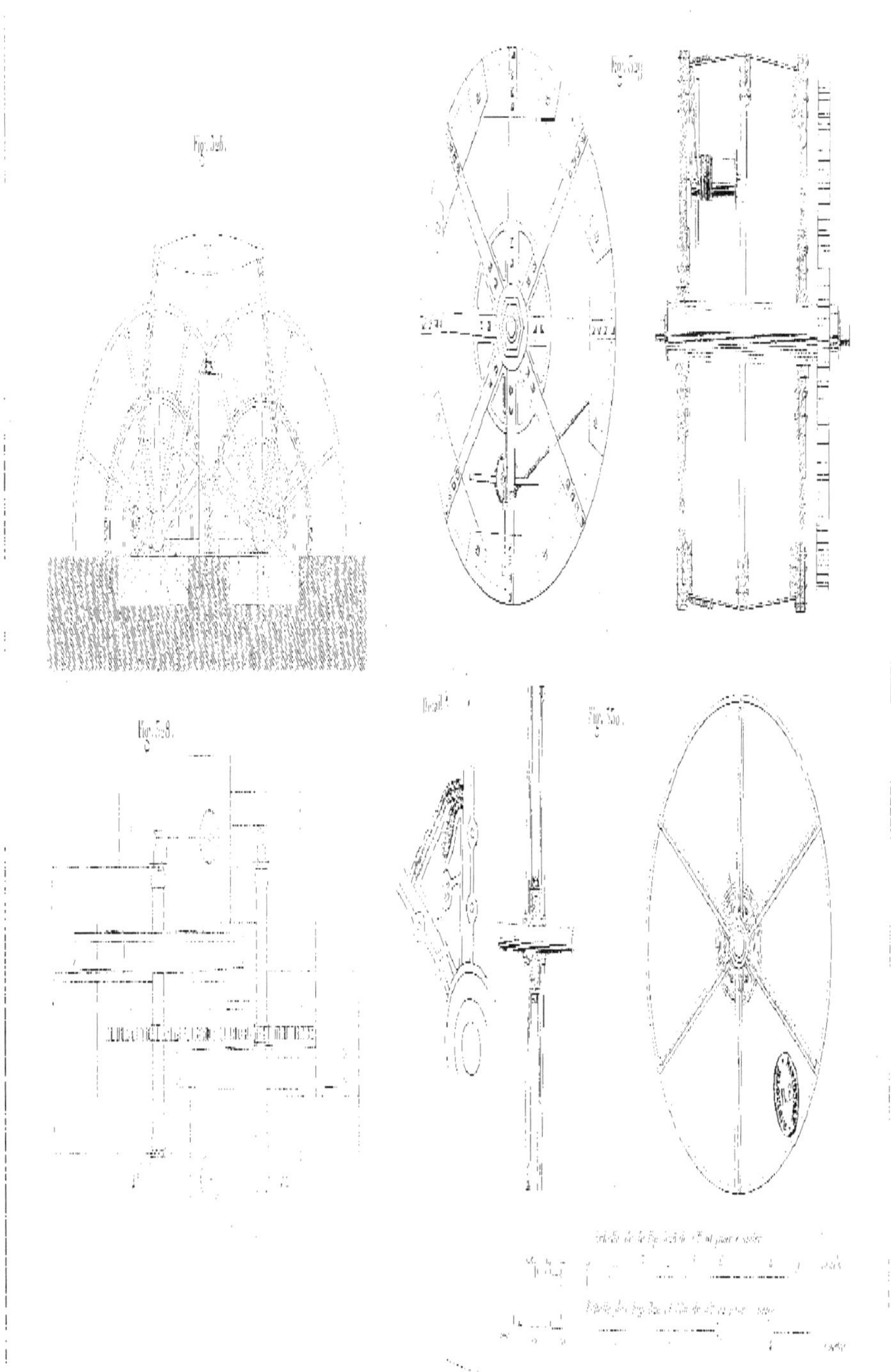

Fig. 346.

Fig. 349.

Fig. 348.

Détail.

Fig. 350.

J. CALLON, Exploitation des Mines.

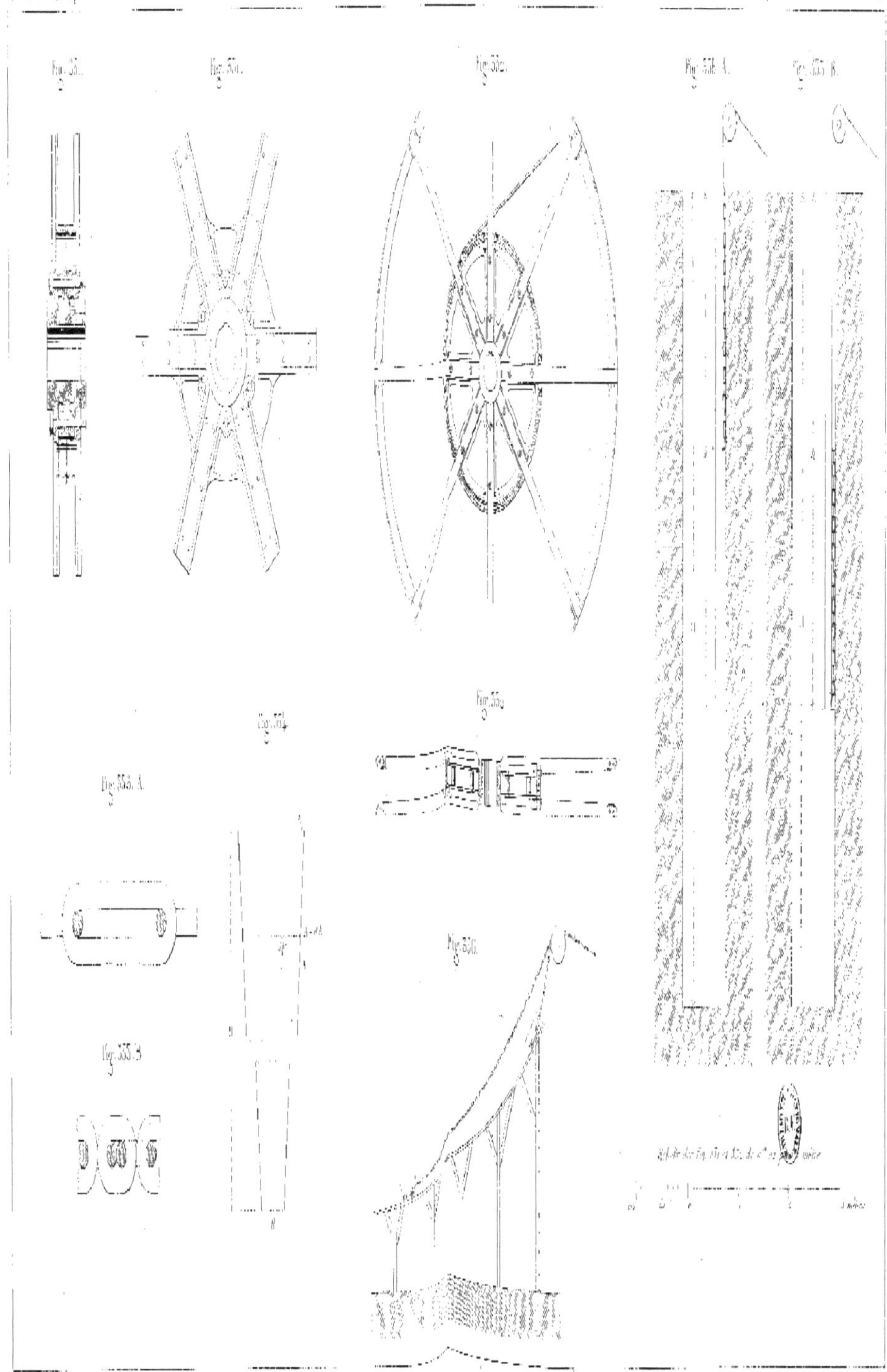

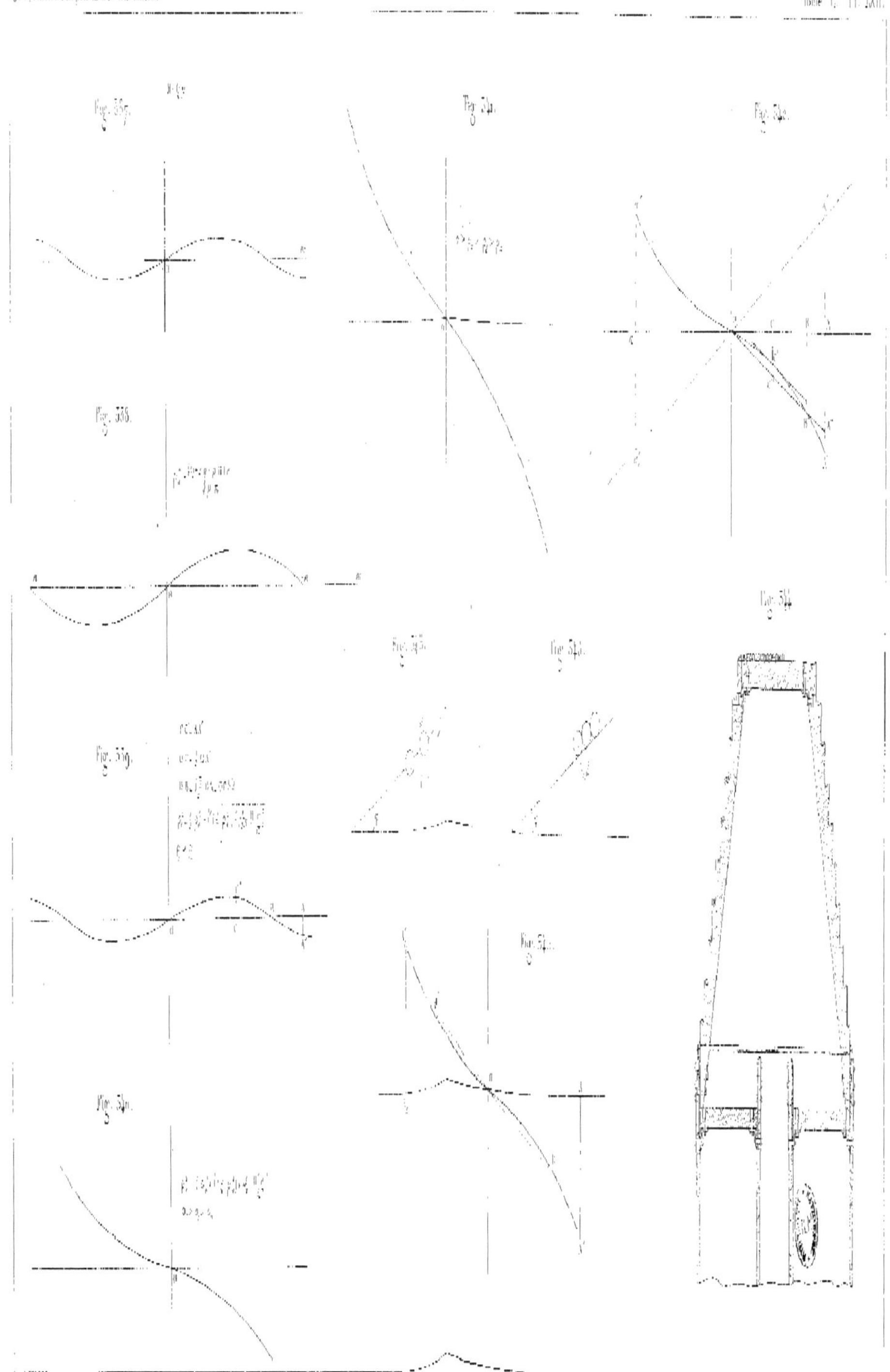

Fig. 529.

Fig. 530.

Fig. 531.

Fig. 532.

Fig. 533.

Fig. 534.

Fig. 535.

Fig. 536.

Fig. 537.

Fig. 538.

Fig. 539.

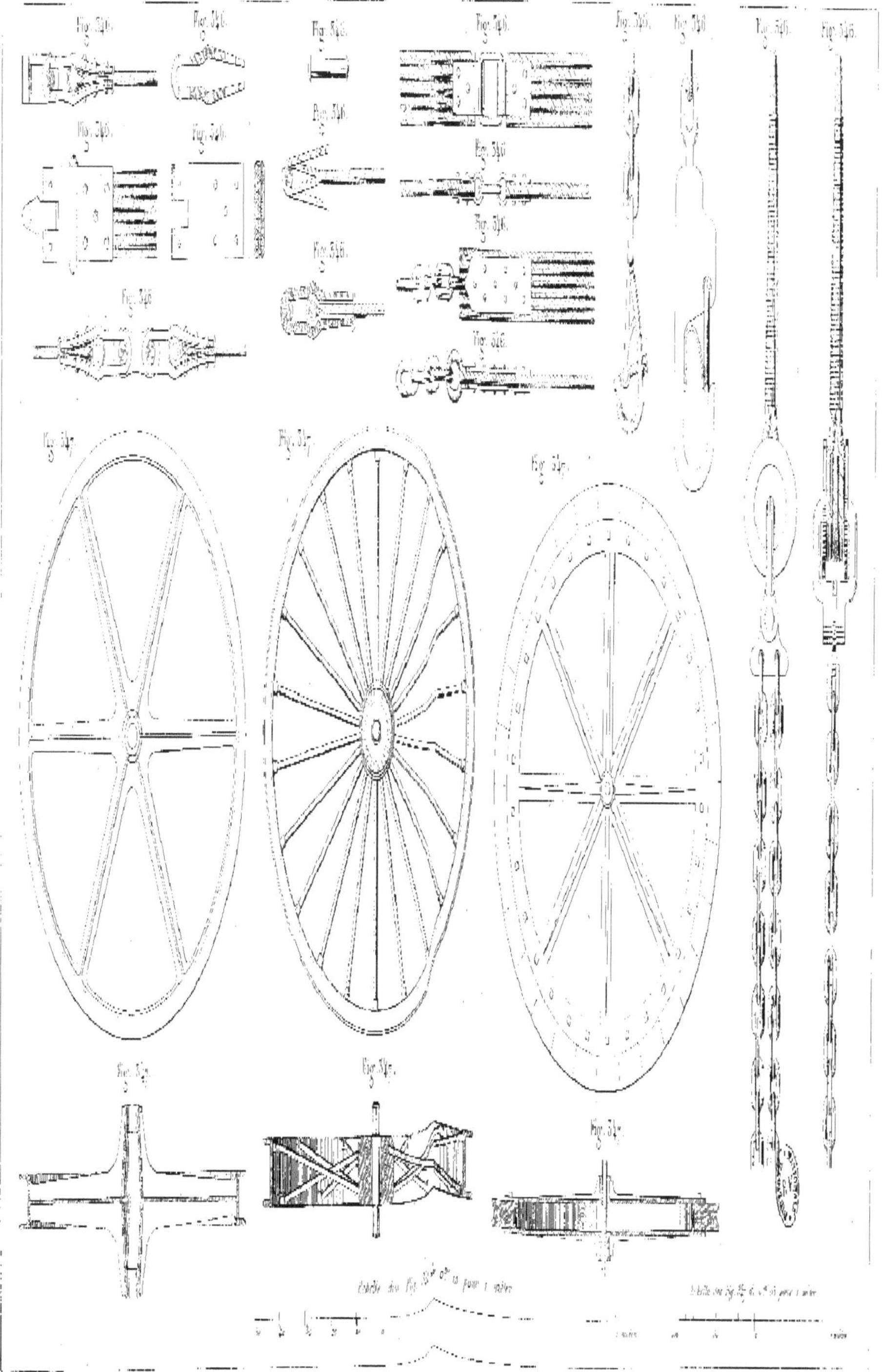

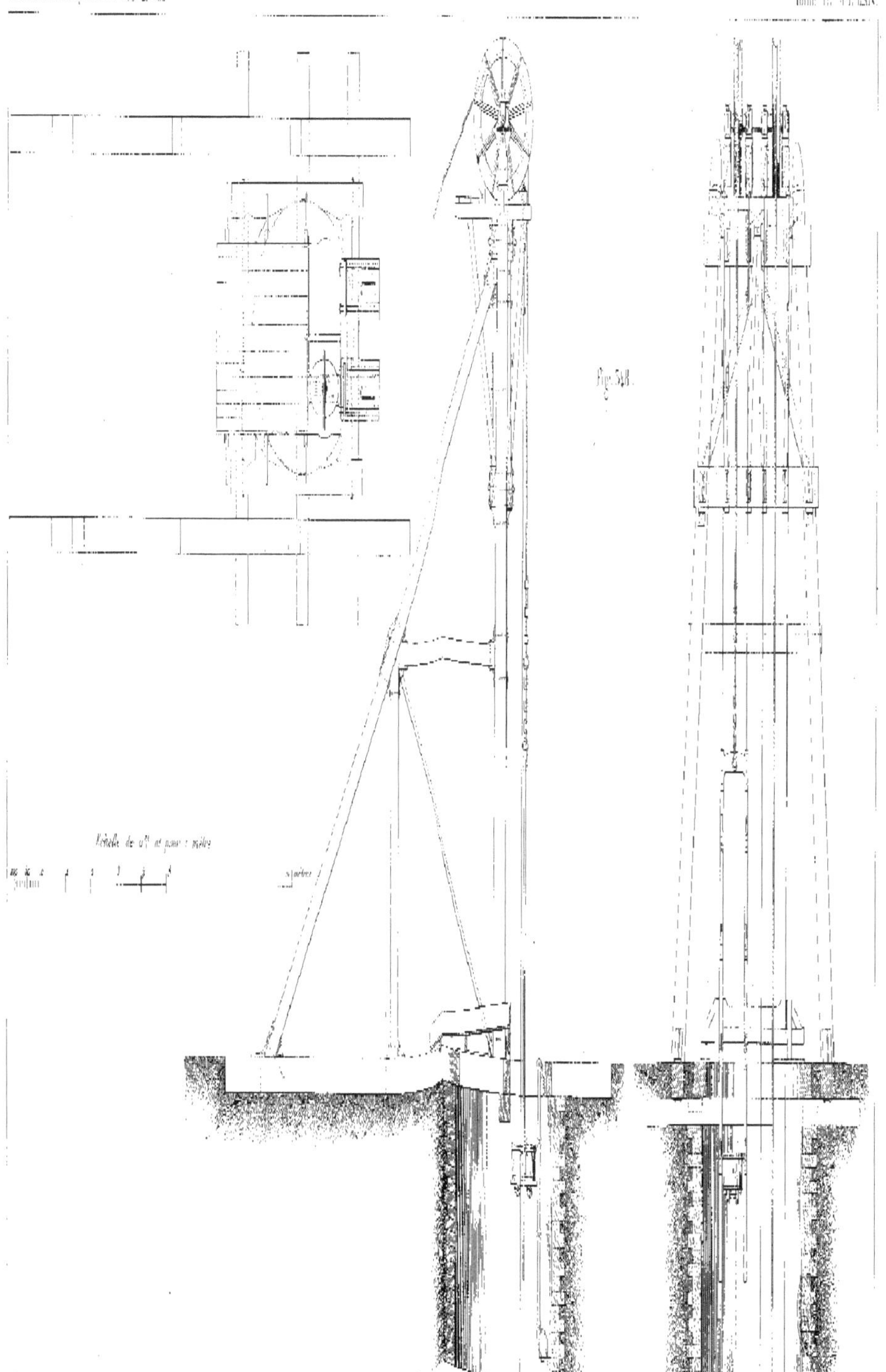
Fig. 548.
Échelle de 0,01 ar pour 1 mètre

A SUPPRIMER

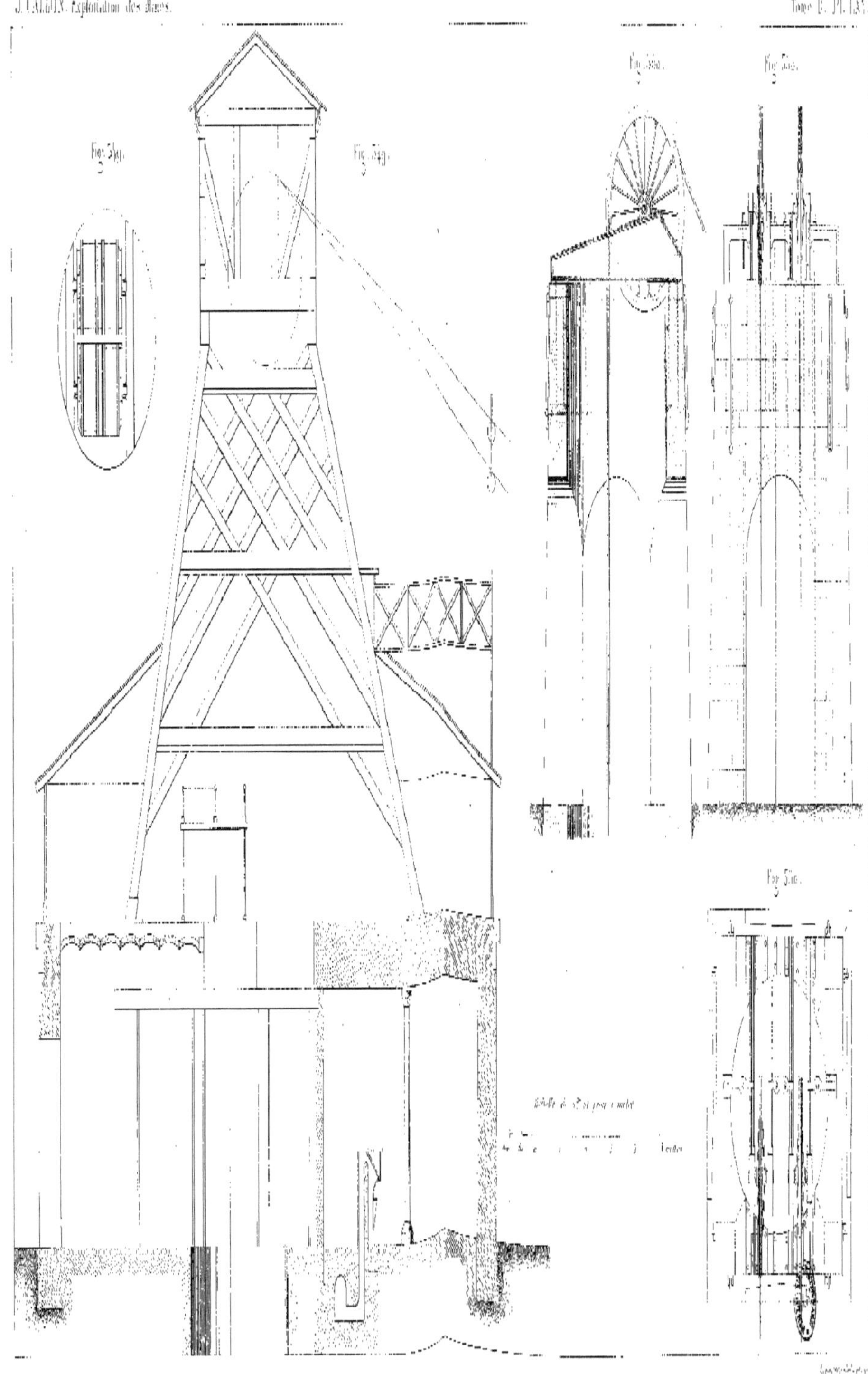

EXTRACTION _ CHEVALEMENTS _ PORTE-MOLETTES EN MAÇONNERIE.
J. CALLON. exploitation des Mines.
Tome E. Pl. LXV.
Fig. 540.
Fig. 541.
Fig. 542.
Fig. 543.
Fig. 544.

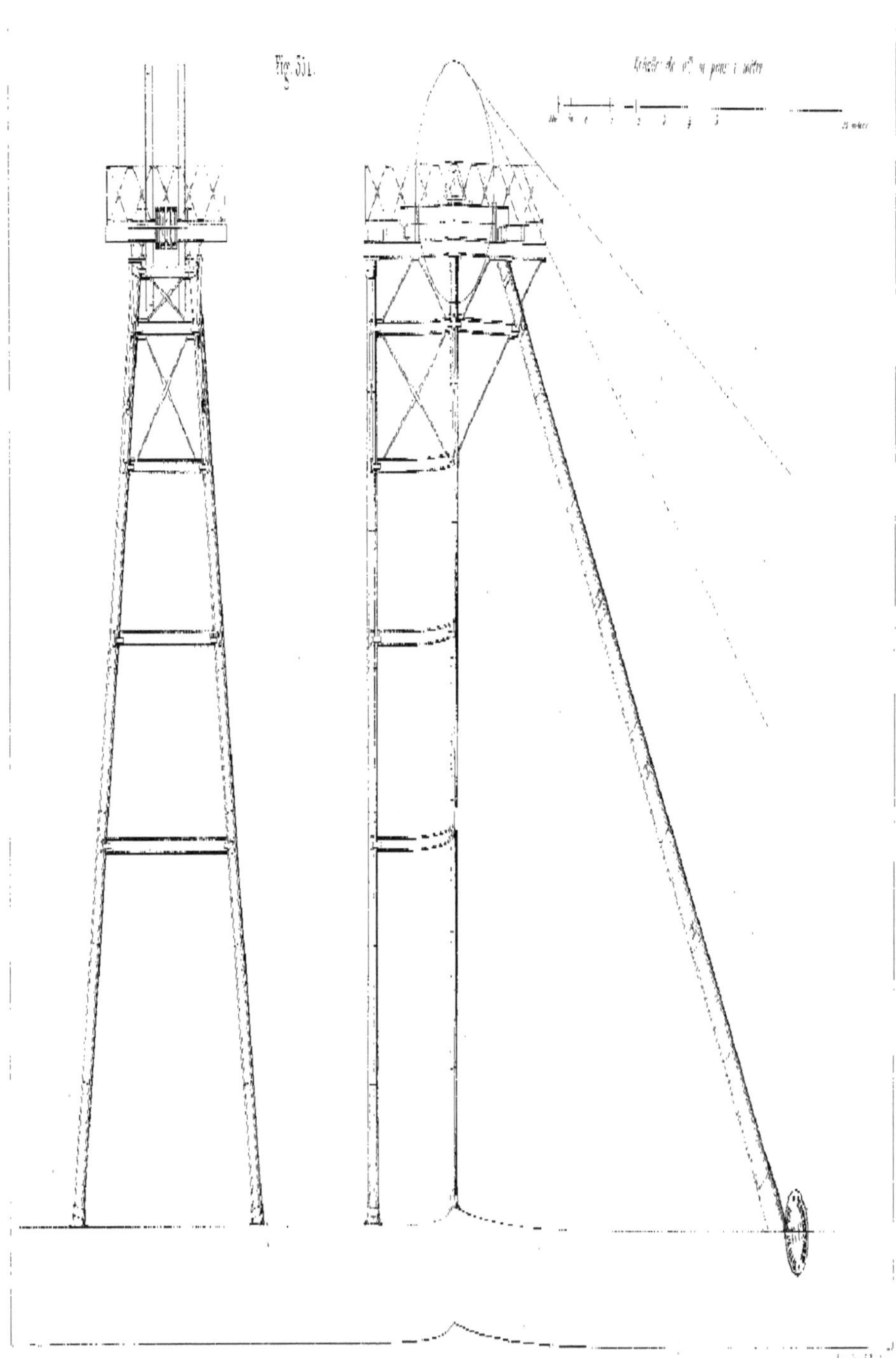
Fig. 531.
Échelle de 0ᵐ,01 par mètre
25 mètres

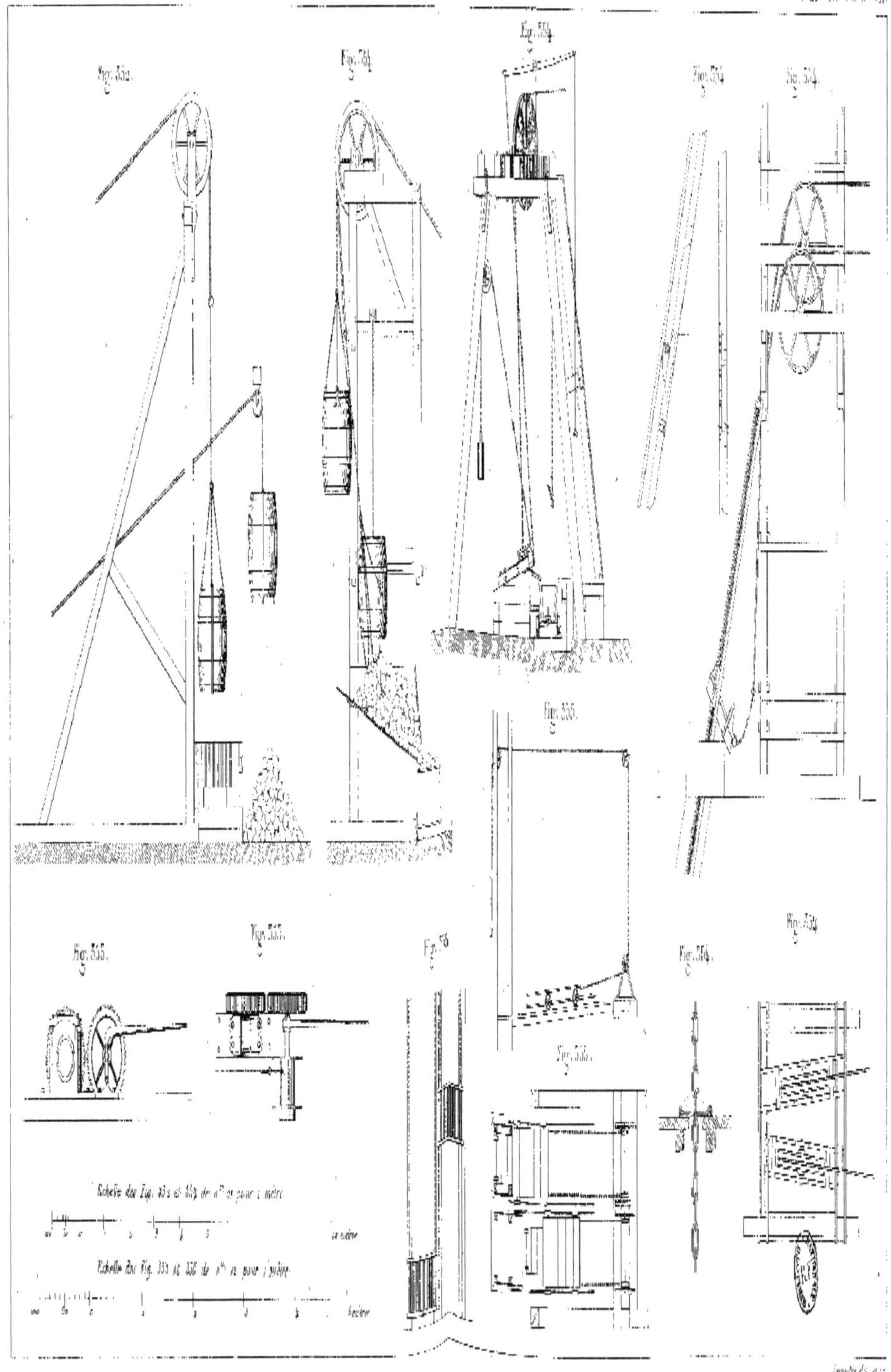

Fig. 552.
Fig. 554.
Fig. 554.
Fig. 554.
Fig. 554.
Fig. 553.
Fig. 555.
Fig. 556.
Fig. 556.
Fig. 554.
Fig. 554.
Échelle des Fig. 552 et 554 de 0m,01 pour 1 mètre
Échelle des Fig. 555 et 556 de 0m,01 pour 1 mètre

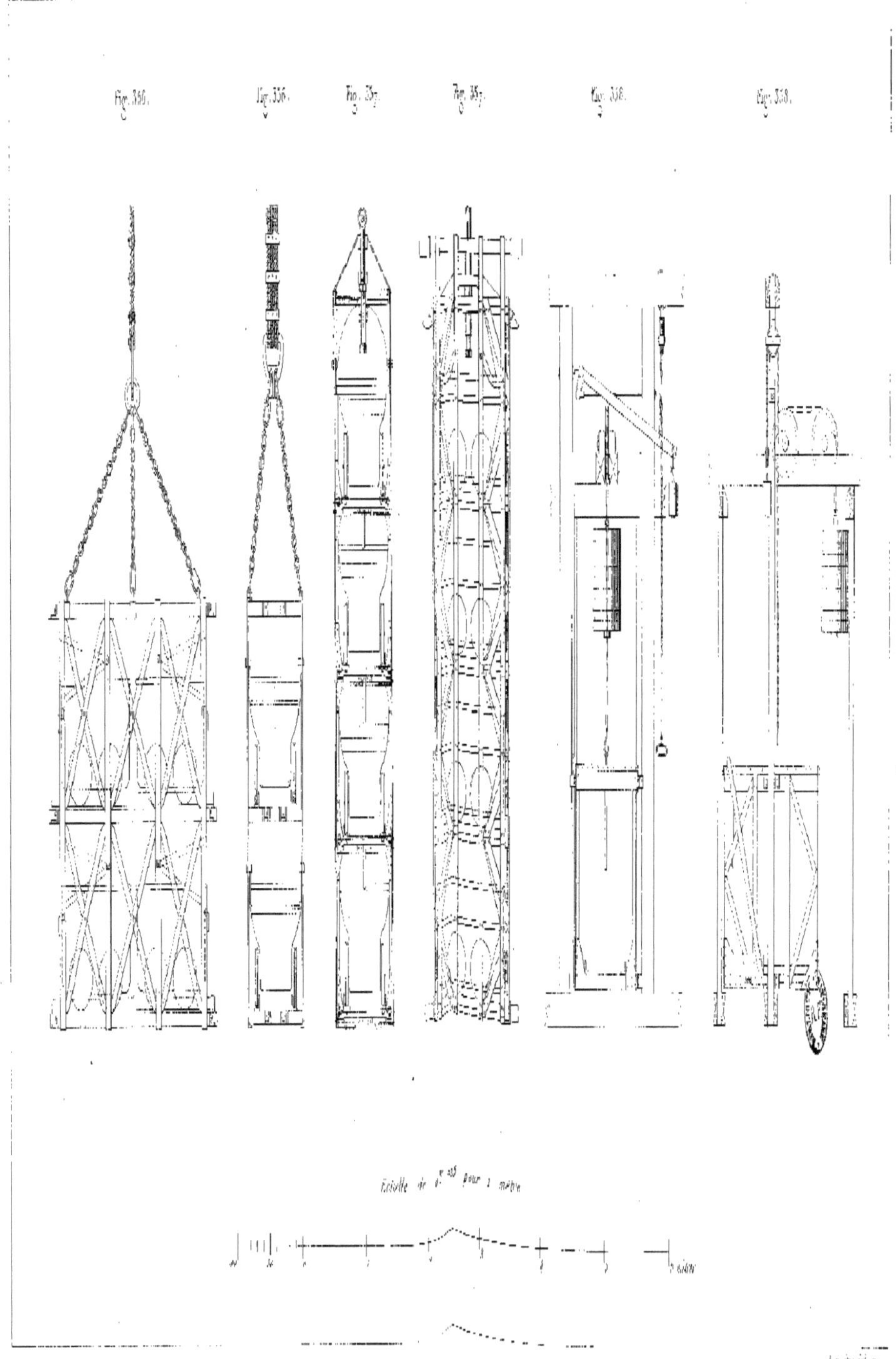
Fig. 350.
Fig. 356.
Fig. 357.
Fig. 357.
Fig. 358.
Fig. 358.
Échelle de 0,025 pour 1 mètre

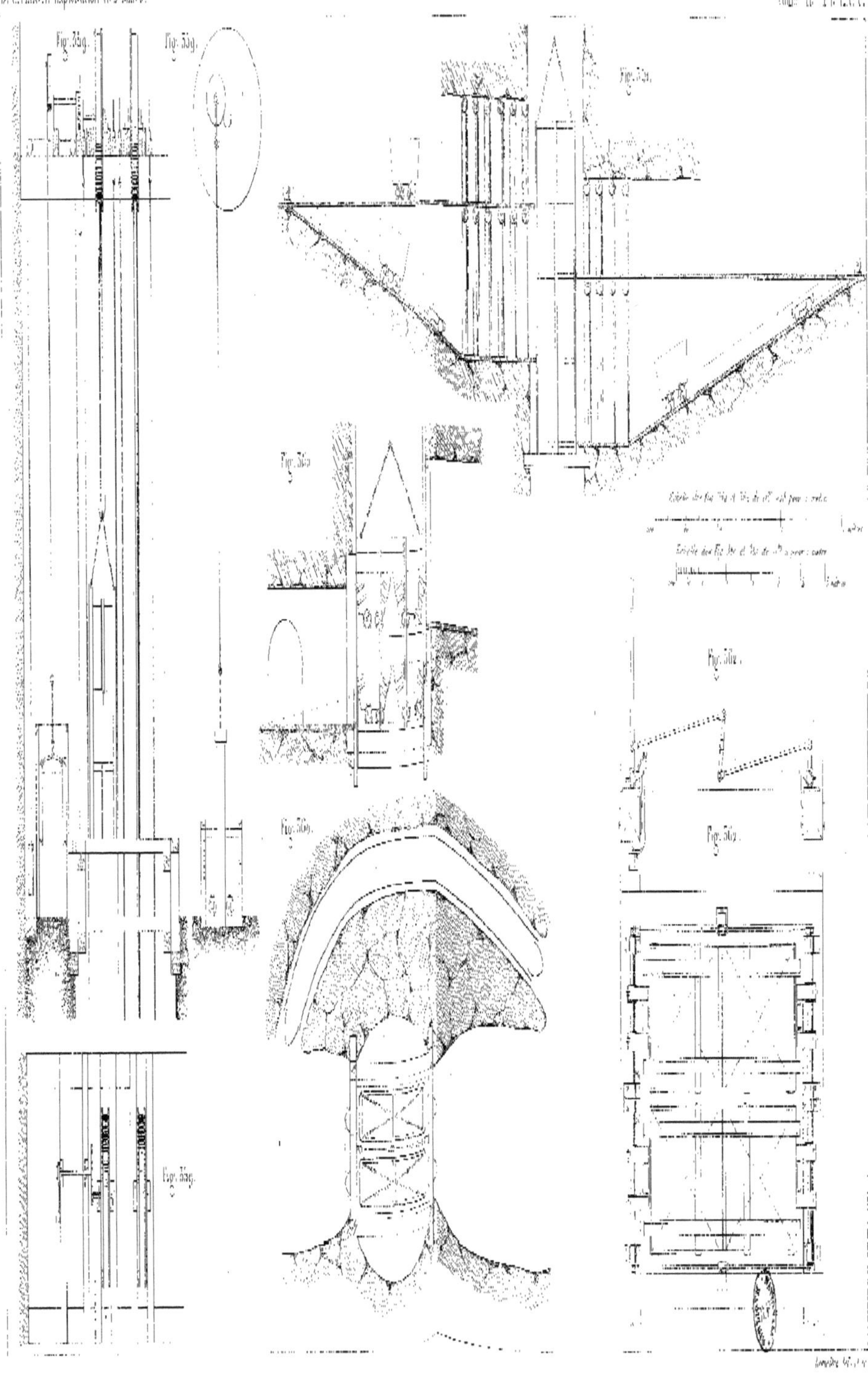

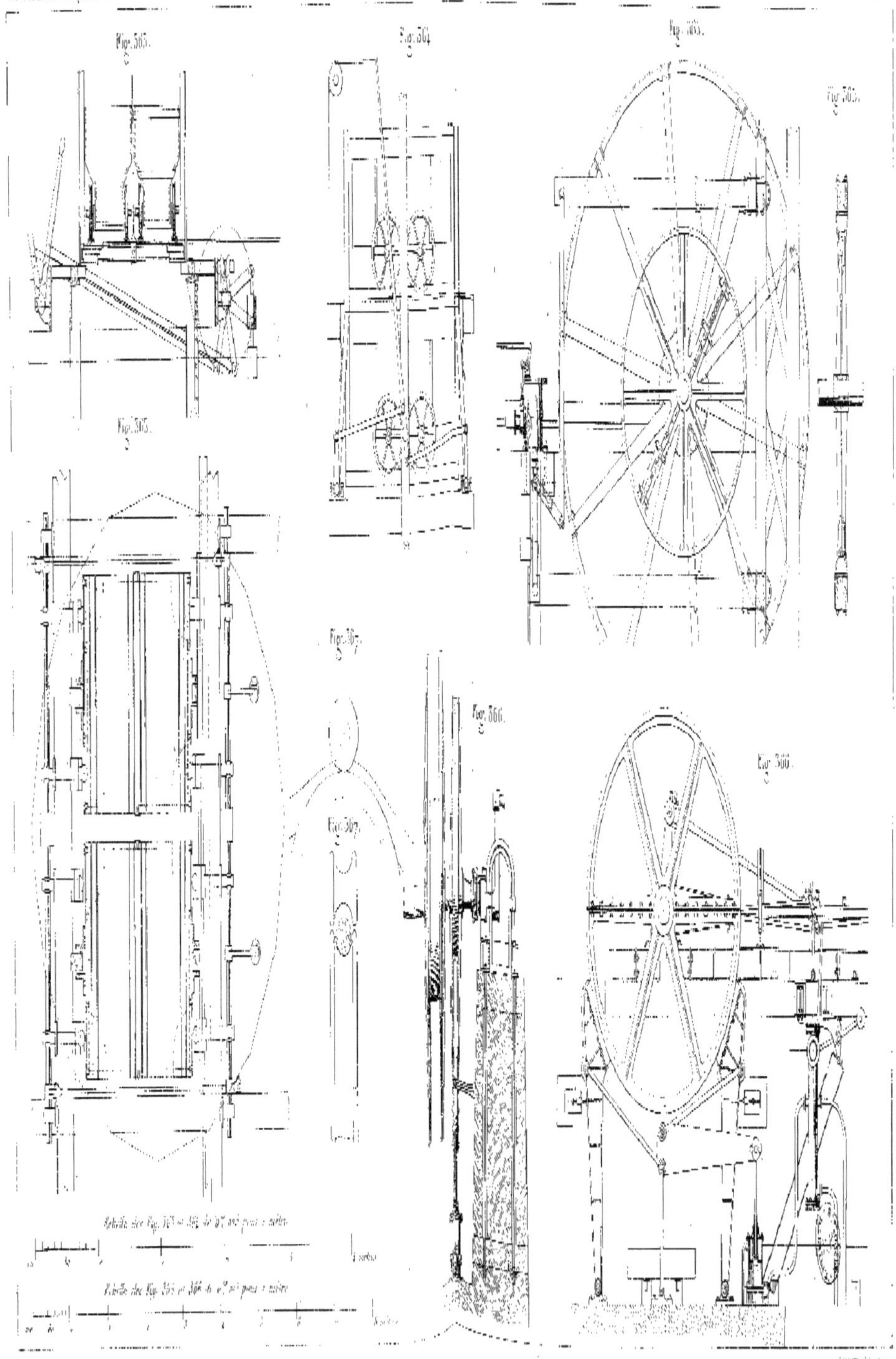

Échelle des Fig. 563 et 564 de 0m,005 pour 1 mètre.

Échelle des Fig. 565 et 566 de 0m,01 pour 1 mètre.

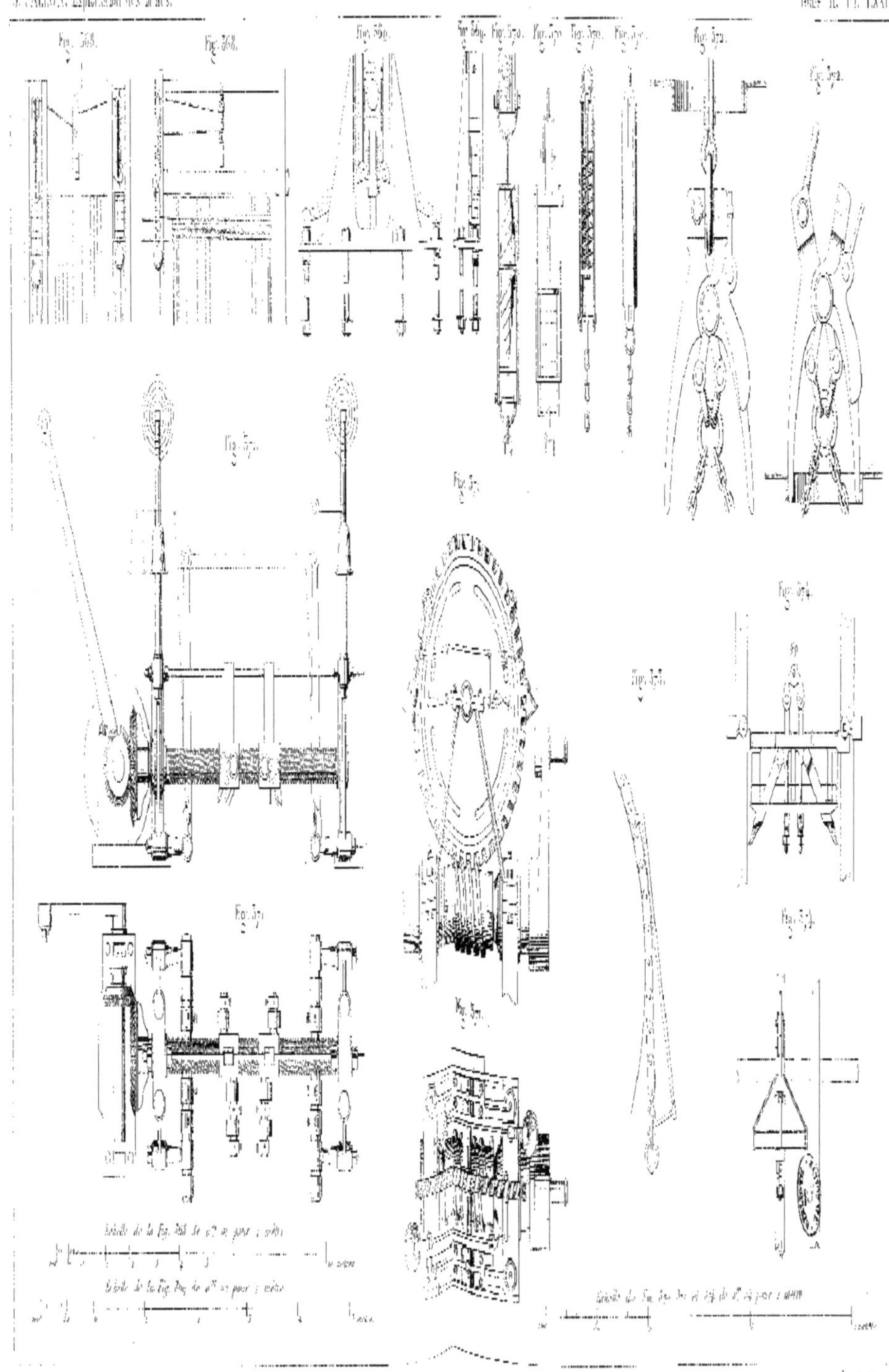

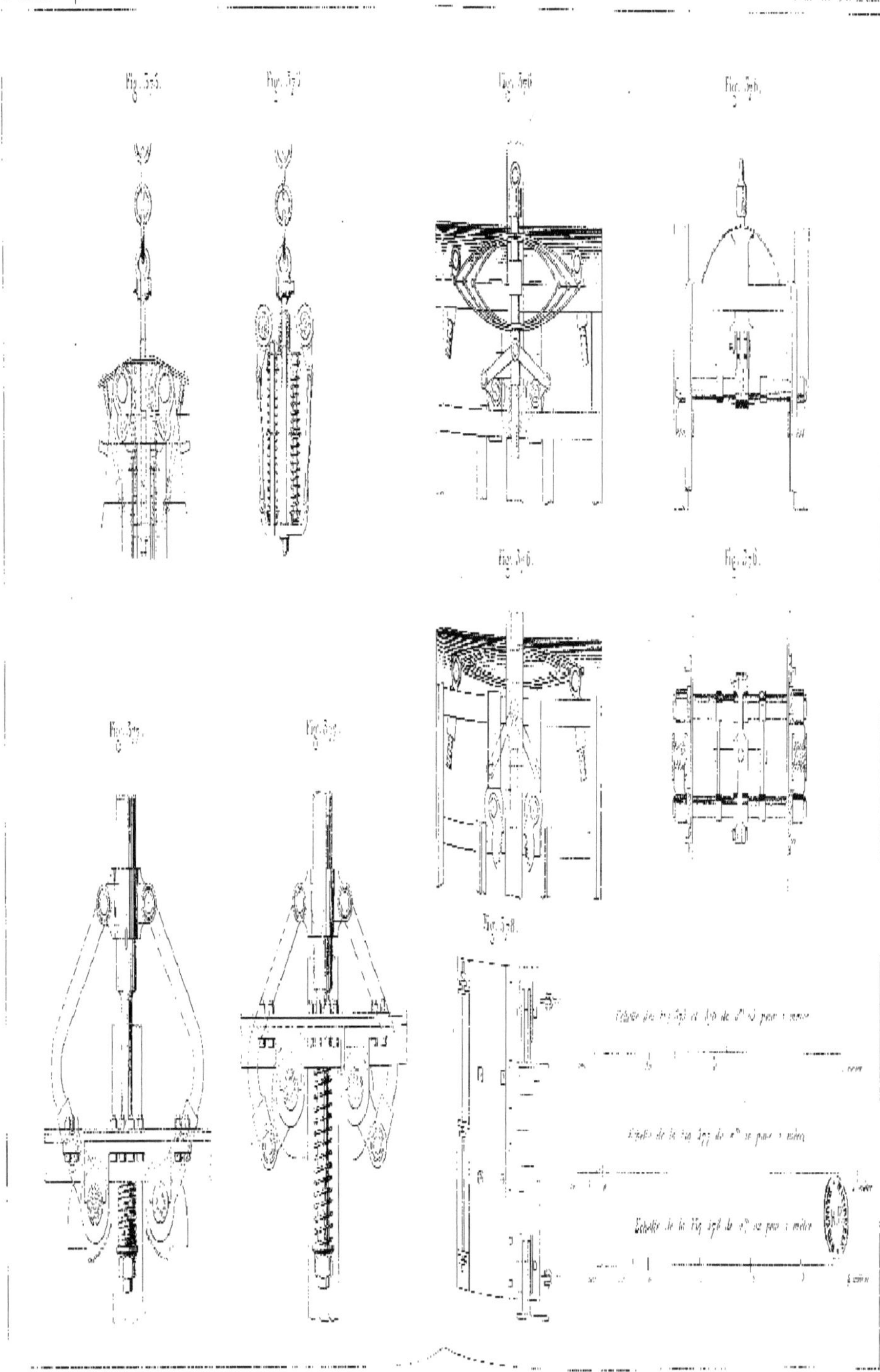

Fig. 373.   Fig. 374.   Fig. 375.   Fig. 376.

Fig. 377.   Fig. 378.

DESCENDERIES _ ÉCHELLES MÉCANIQUES

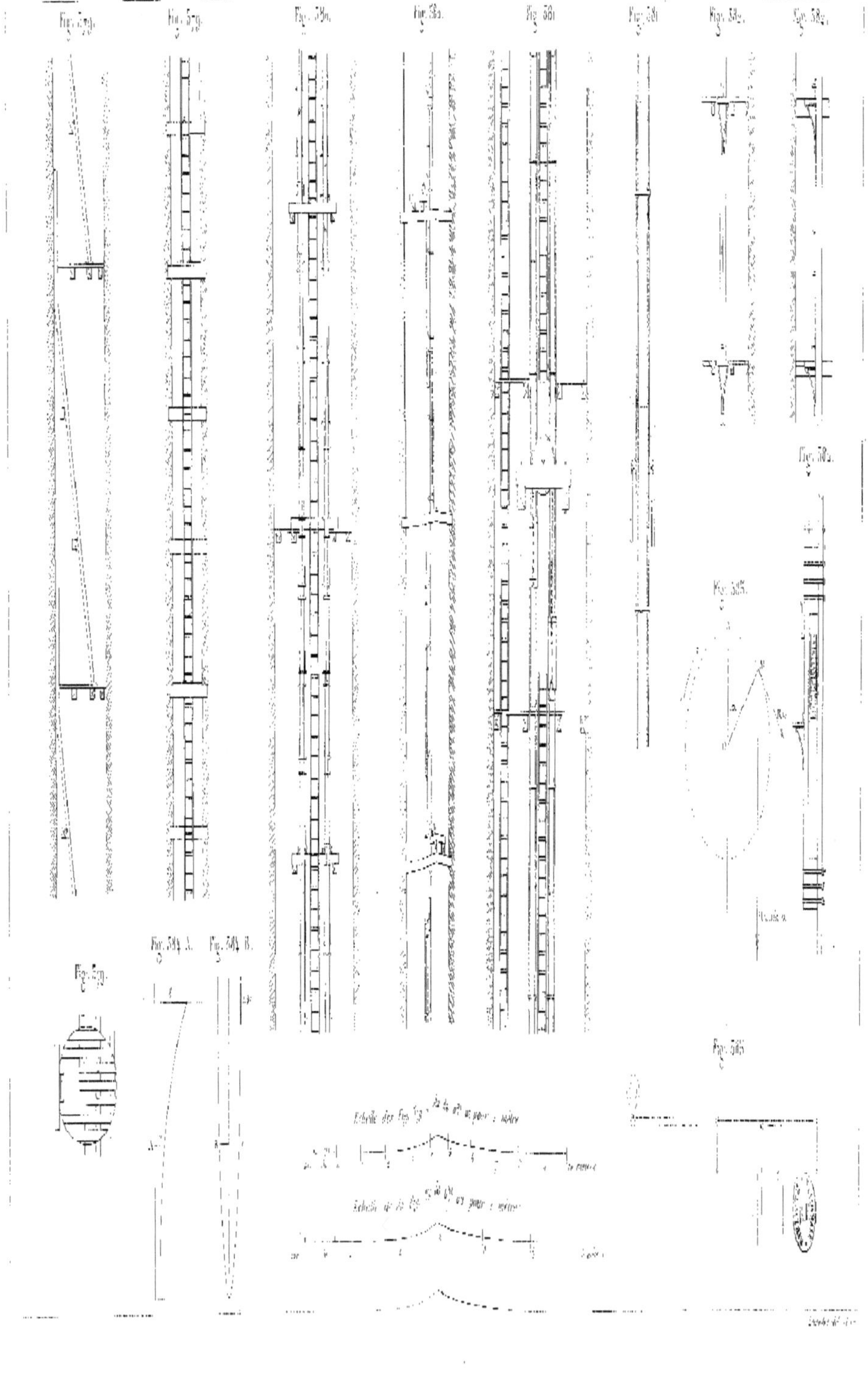

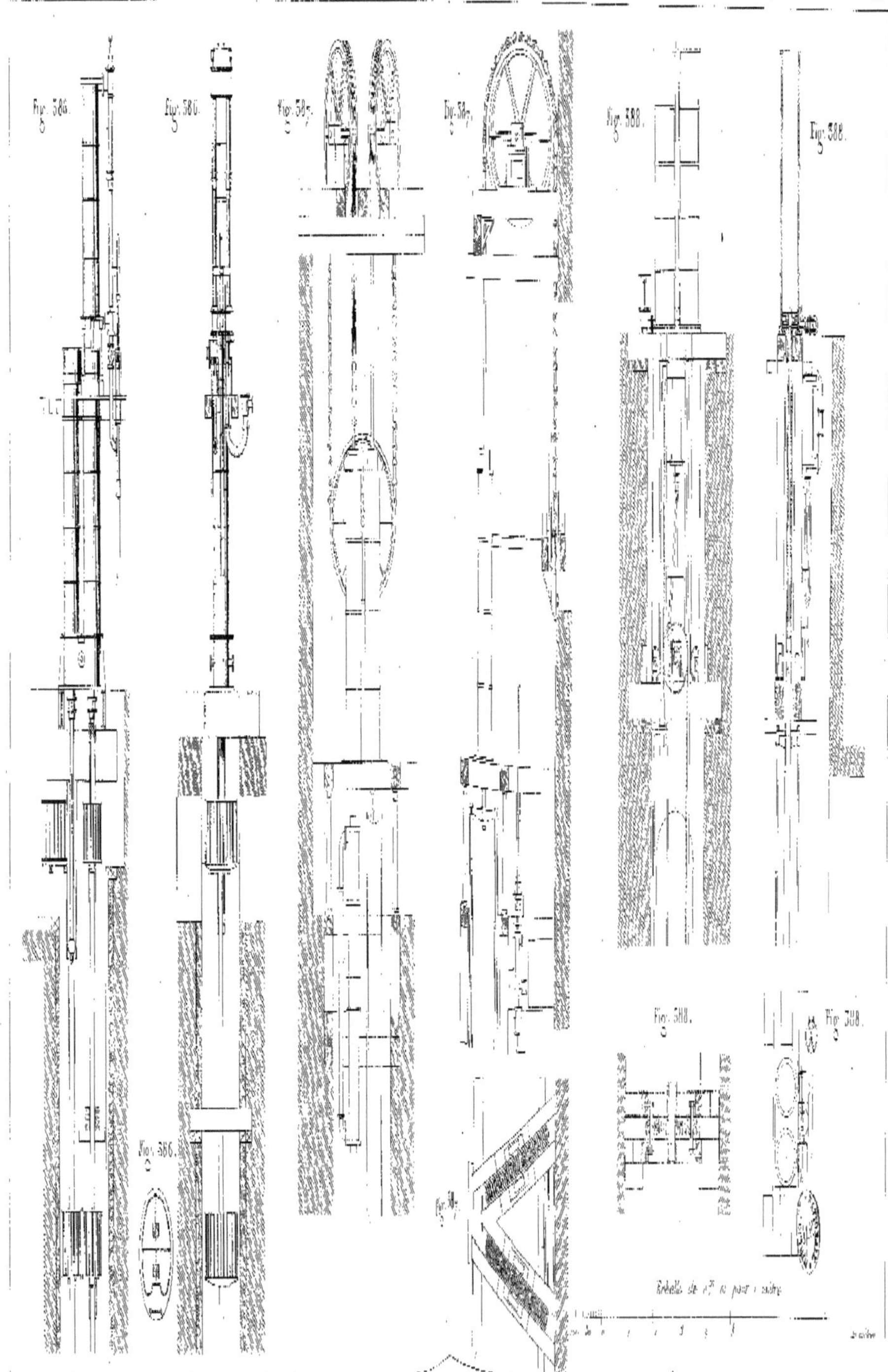

Fig. 584.
Fig. 585.
Fig. 585.
Fig. 587.
Fig. 588.
Fig. 588.
Fig. 586.
Fig. 588.
Fig. 588.
Échelle de 0,05 m pour 1 mètre.

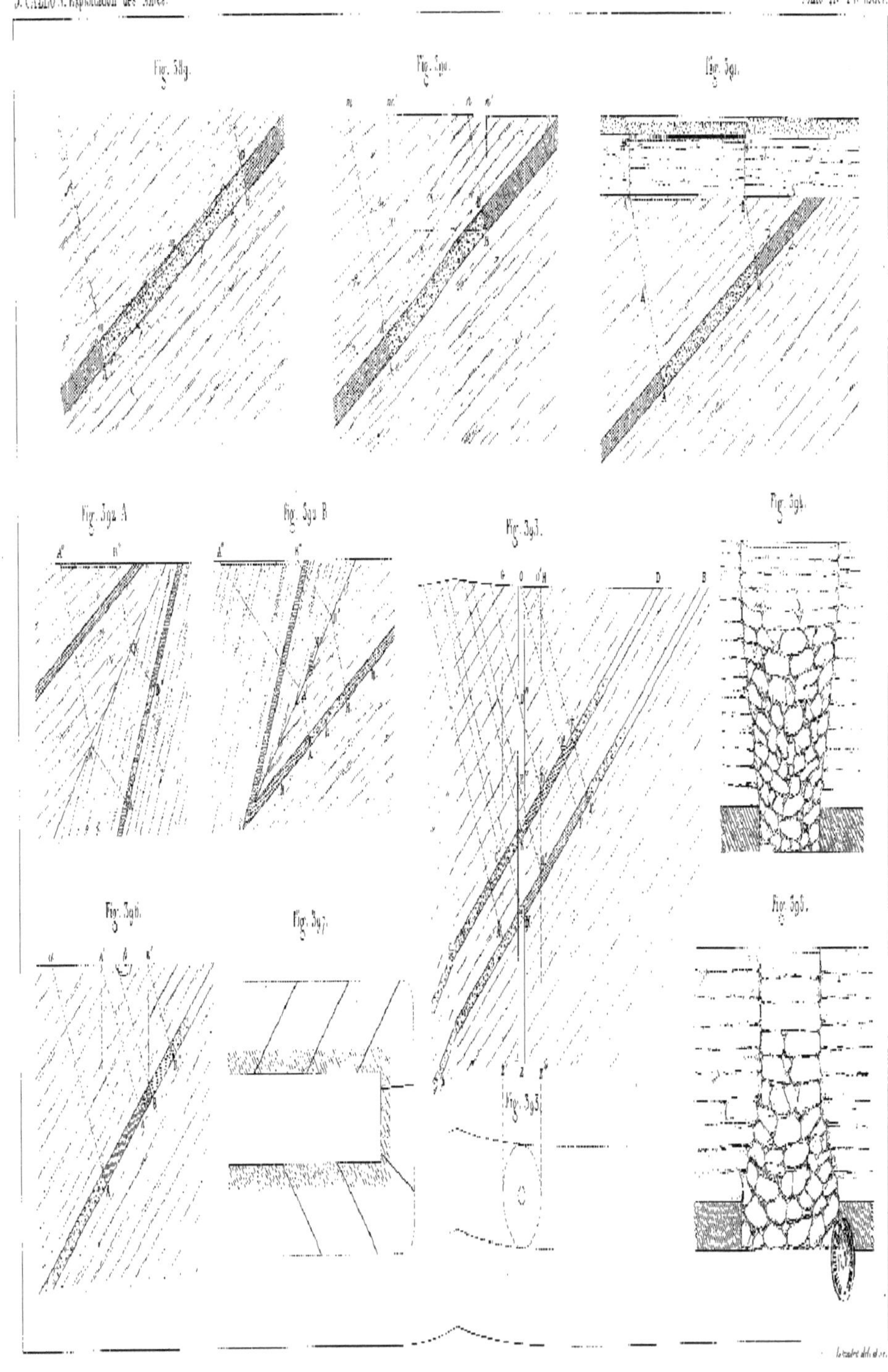

Fig. 589.
Fig. 590.
Fig. 591.
Fig. 592 A.
Fig. 592 B.
Fig. 593.
Fig. 594.
Fig. 596.
Fig. 597.
Fig. 595.
Fig. 598.

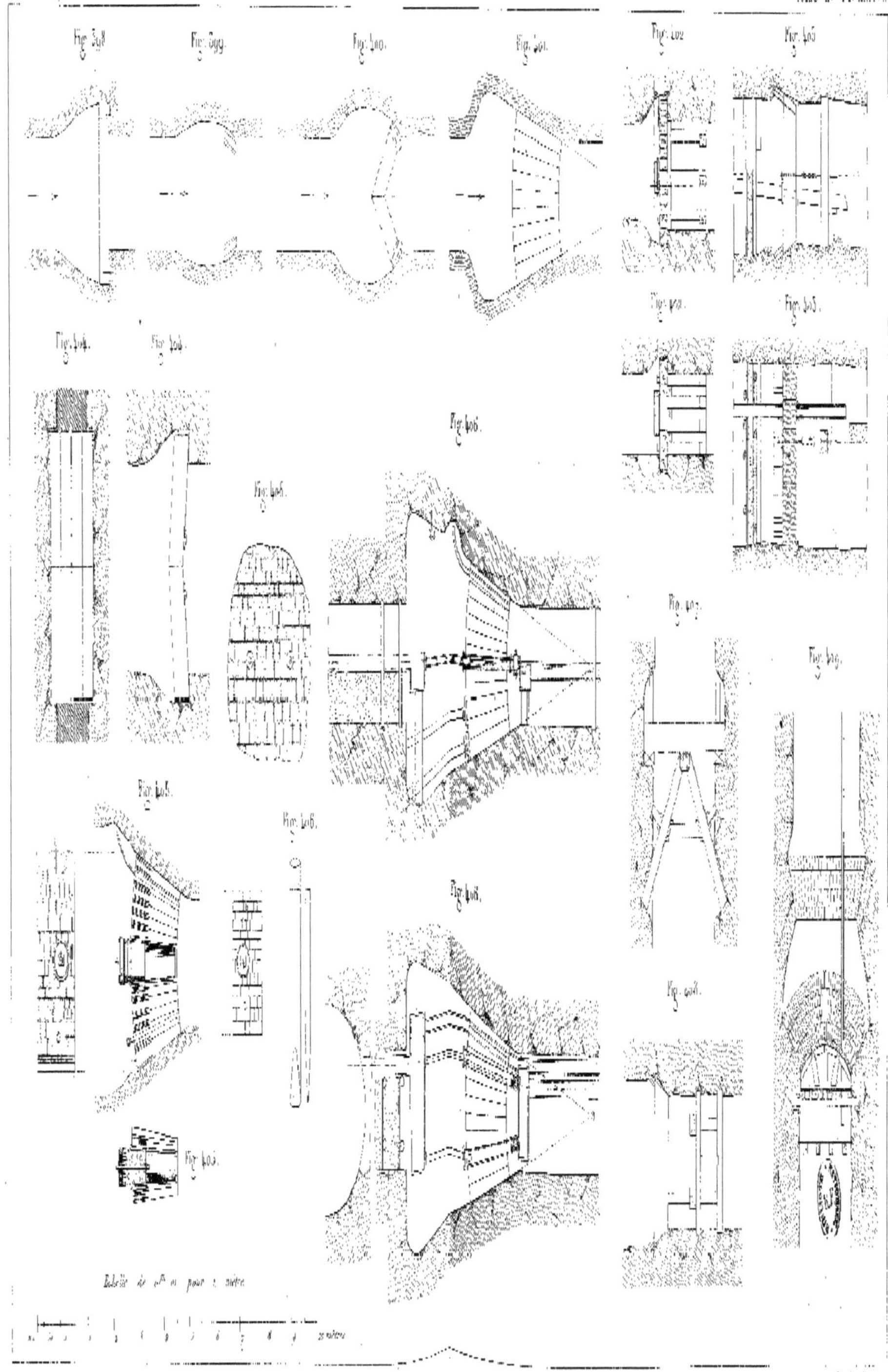
Fig. 398.
Fig. 399.
Fig. 400.
Fig. 401.
Fig. 402.
Fig. 403.
Fig. 404.
Fig. 405.
Fig. 404.
Fig. 405.
Fig. 406.
Fig. 405.
Fig. 407.
Fig. 409.
Fig. 408.
Fig. 406.
Fig. 404.
Fig. 410.
Fig. 403.
Échelle de 0,01 m pour 1 mètre.
20 mètres

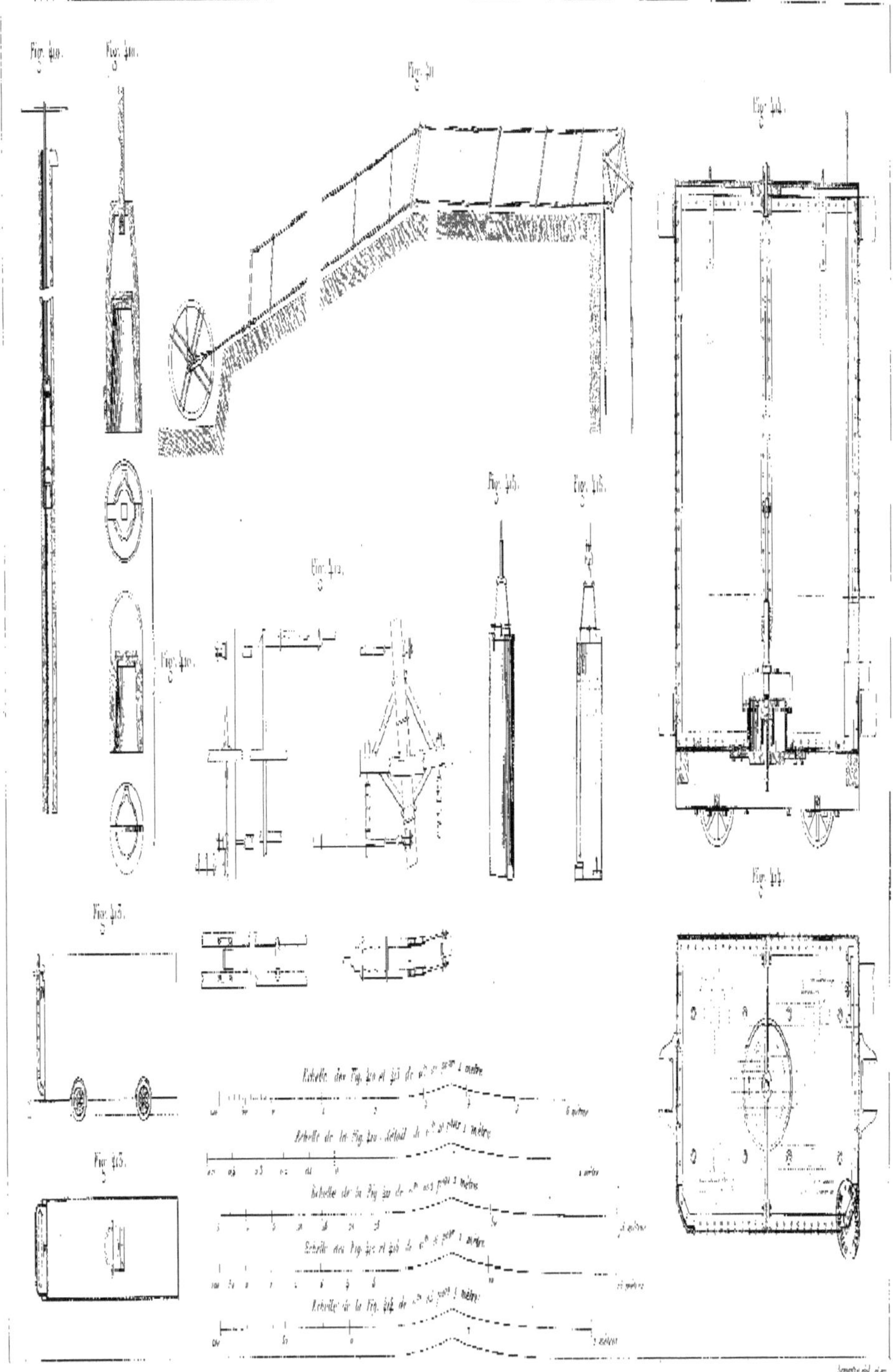
Fig. 440.
Fig. 441.
Fig. 442.
Fig. 443.
Fig. 444.
Fig. 445.
Fig. 446.
Fig. 447.
Fig. 448.
Fig. 449.
Echelle des Fig. 440 et 441 de 0.m. 1 pour 1 mètre.
Echelle de la Fig. 442 détail de 1.m. 5 pour 1 mètre.
Echelle de la Fig. 443 de 0.m. 2 pour 1 mètre.
Echelle des Fig. 444 et 445 de 0.m. 1 pour 1 mètre.
Echelle de la Fig. 448 de 0.m. 2 pour 1 mètre.

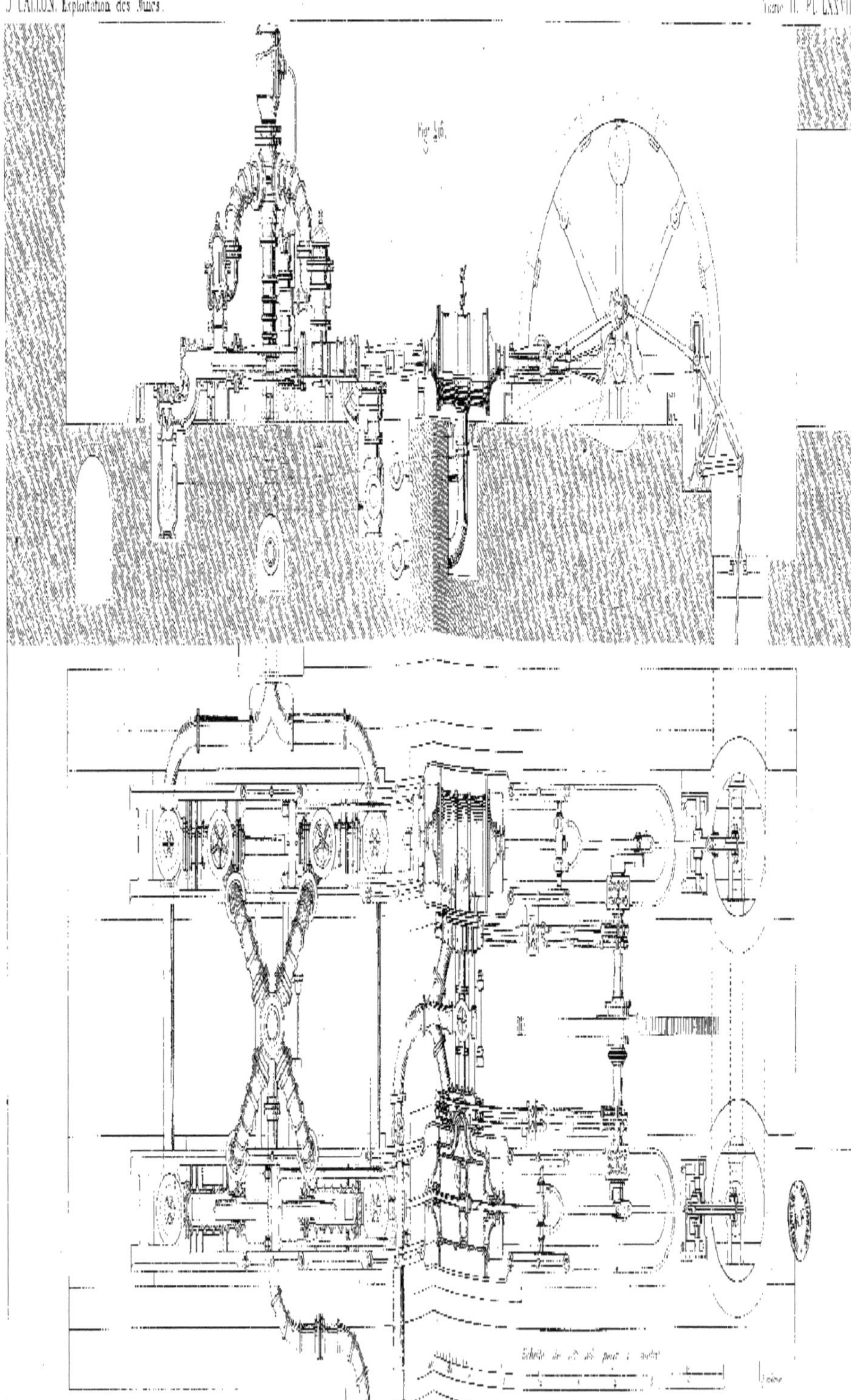
Fig. 46.

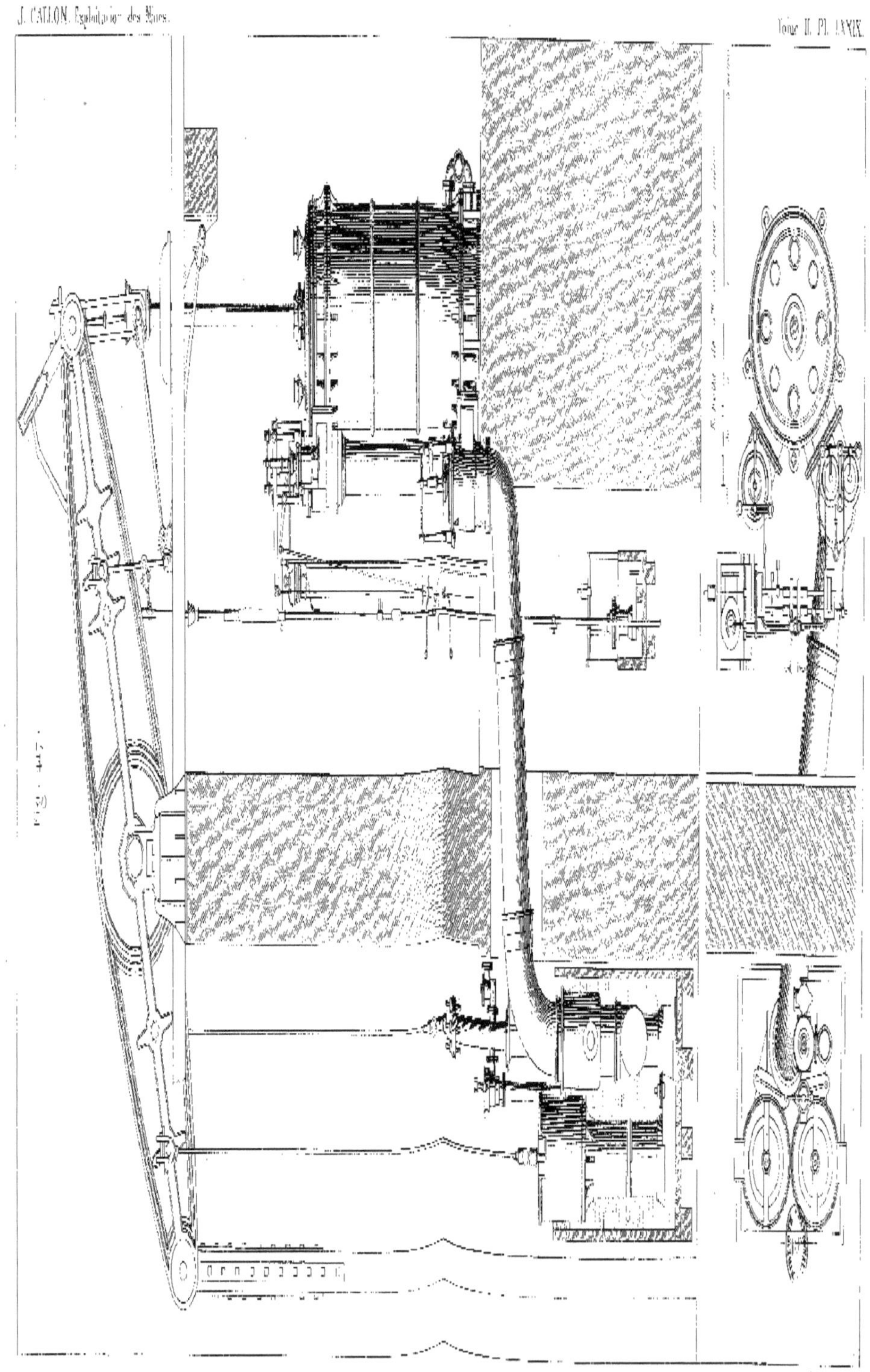
J. CALLON, Exploitation des Mines.
Tome II. Pl. XXIX.
Fig. 447.

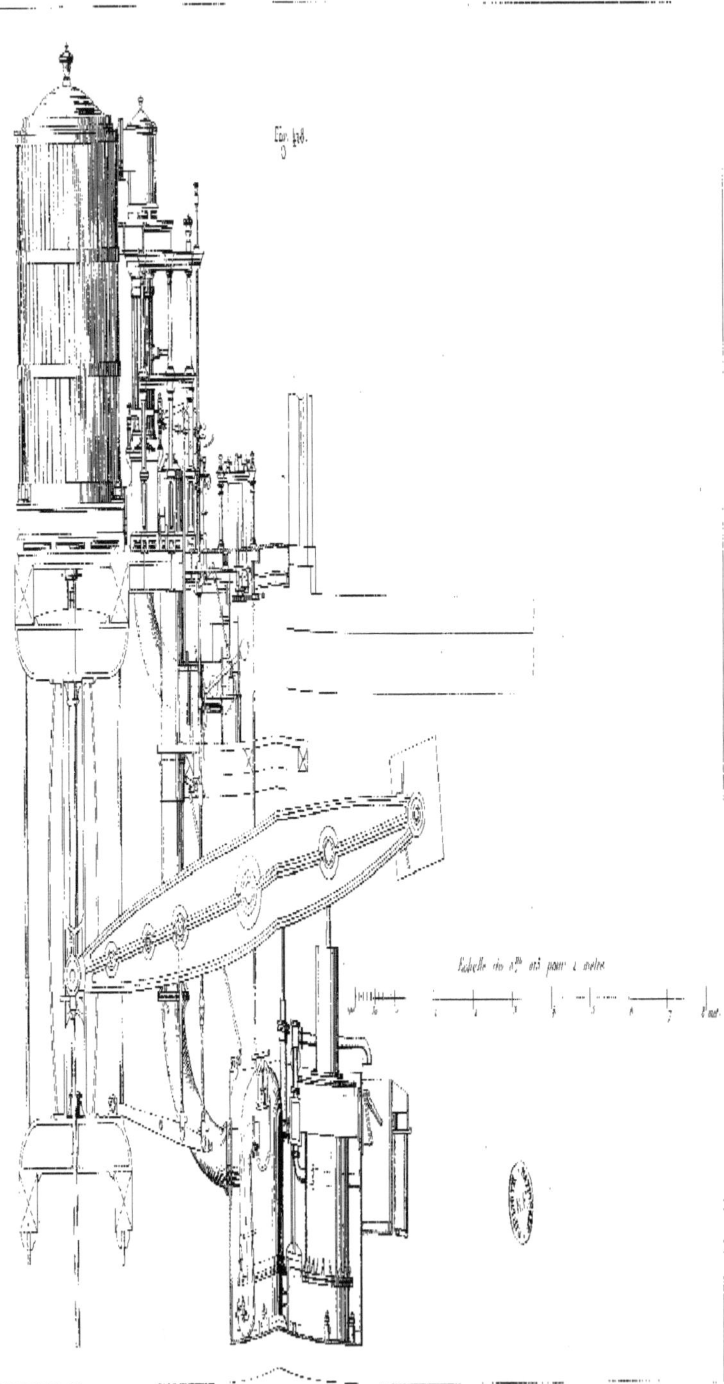

Fig. 426.
Échelle de 0^m,05 pour 1 mètre

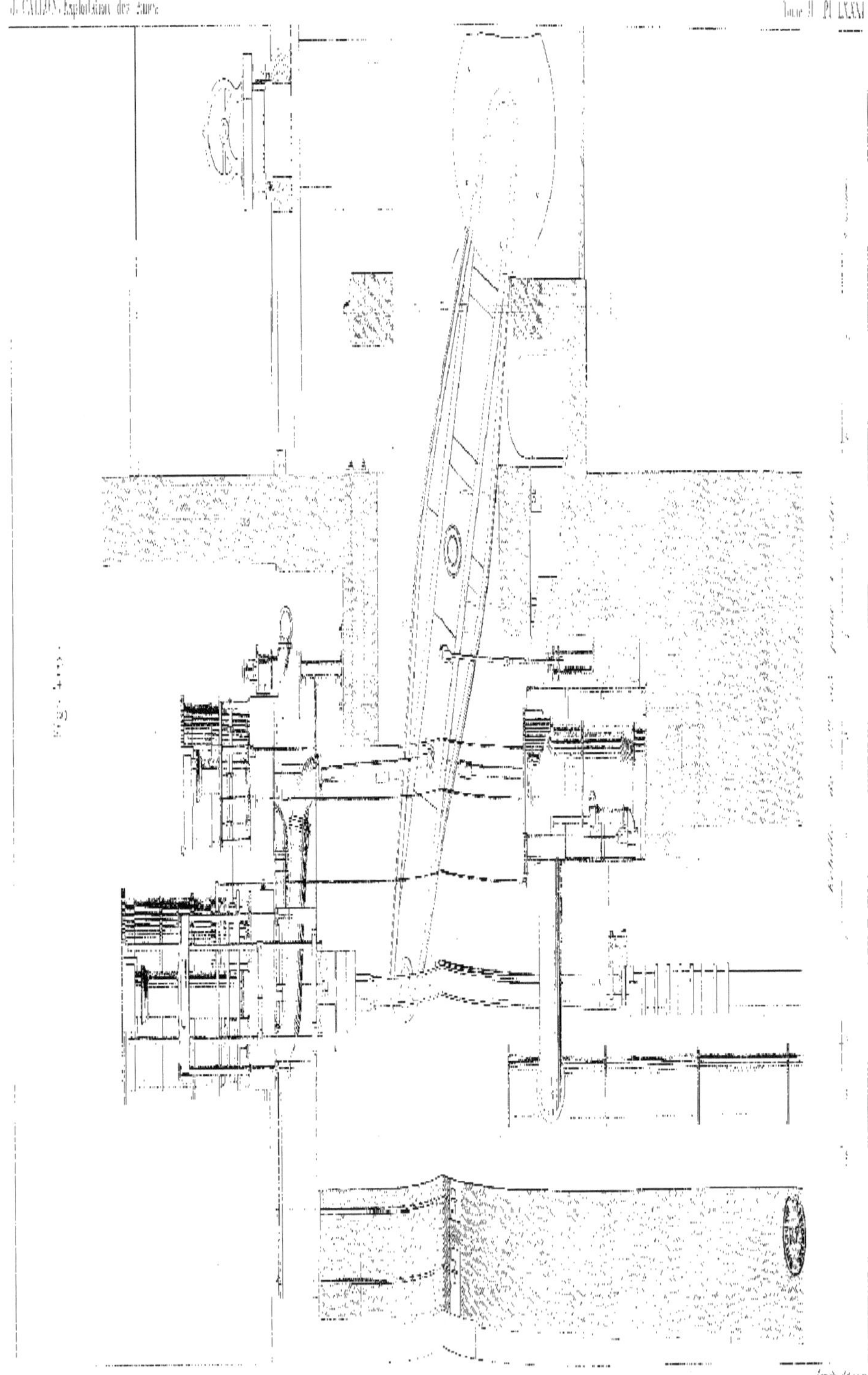

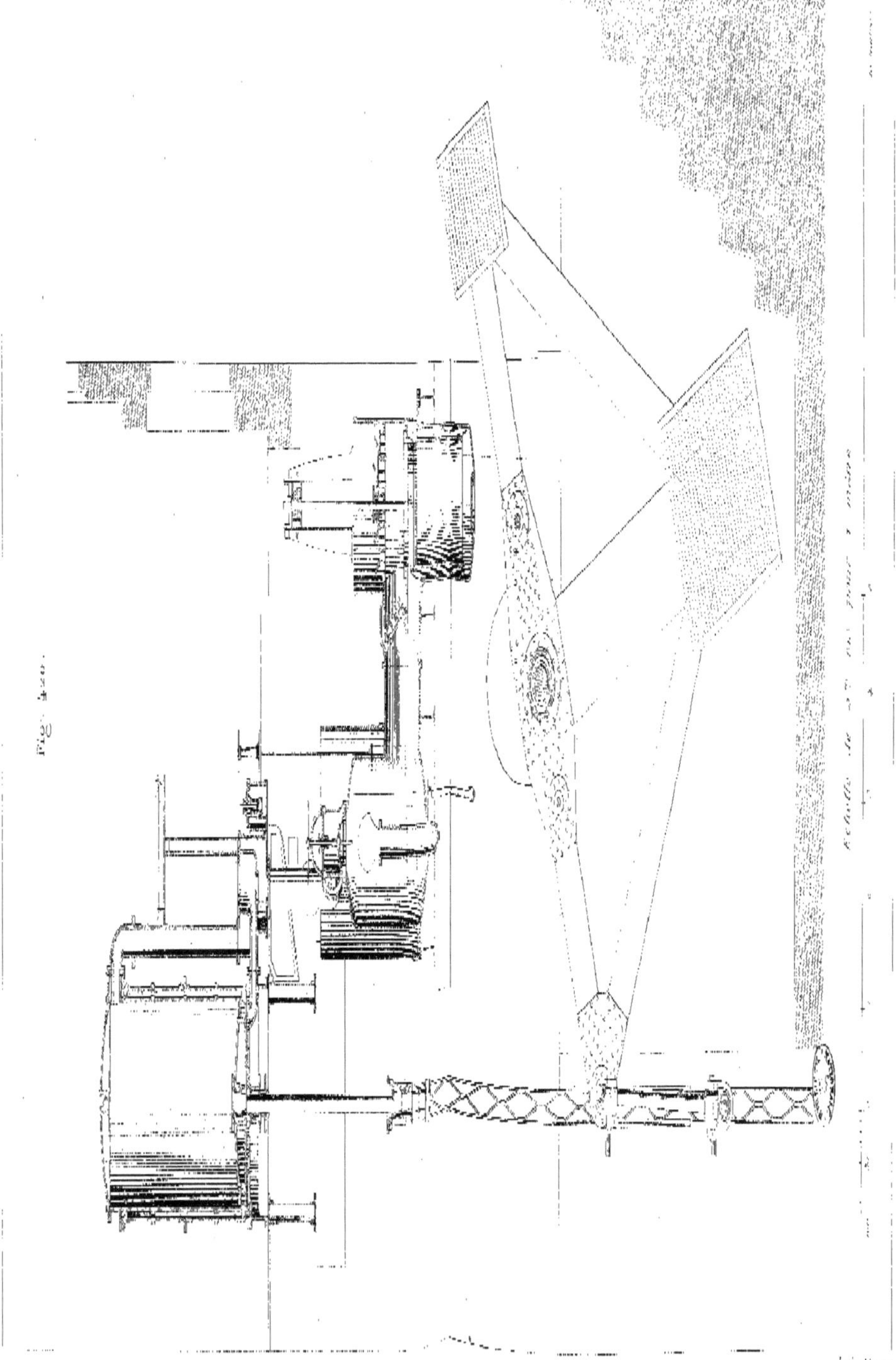
Fig. 420.
Échelle de 0,01 m. pour 1 mètre.

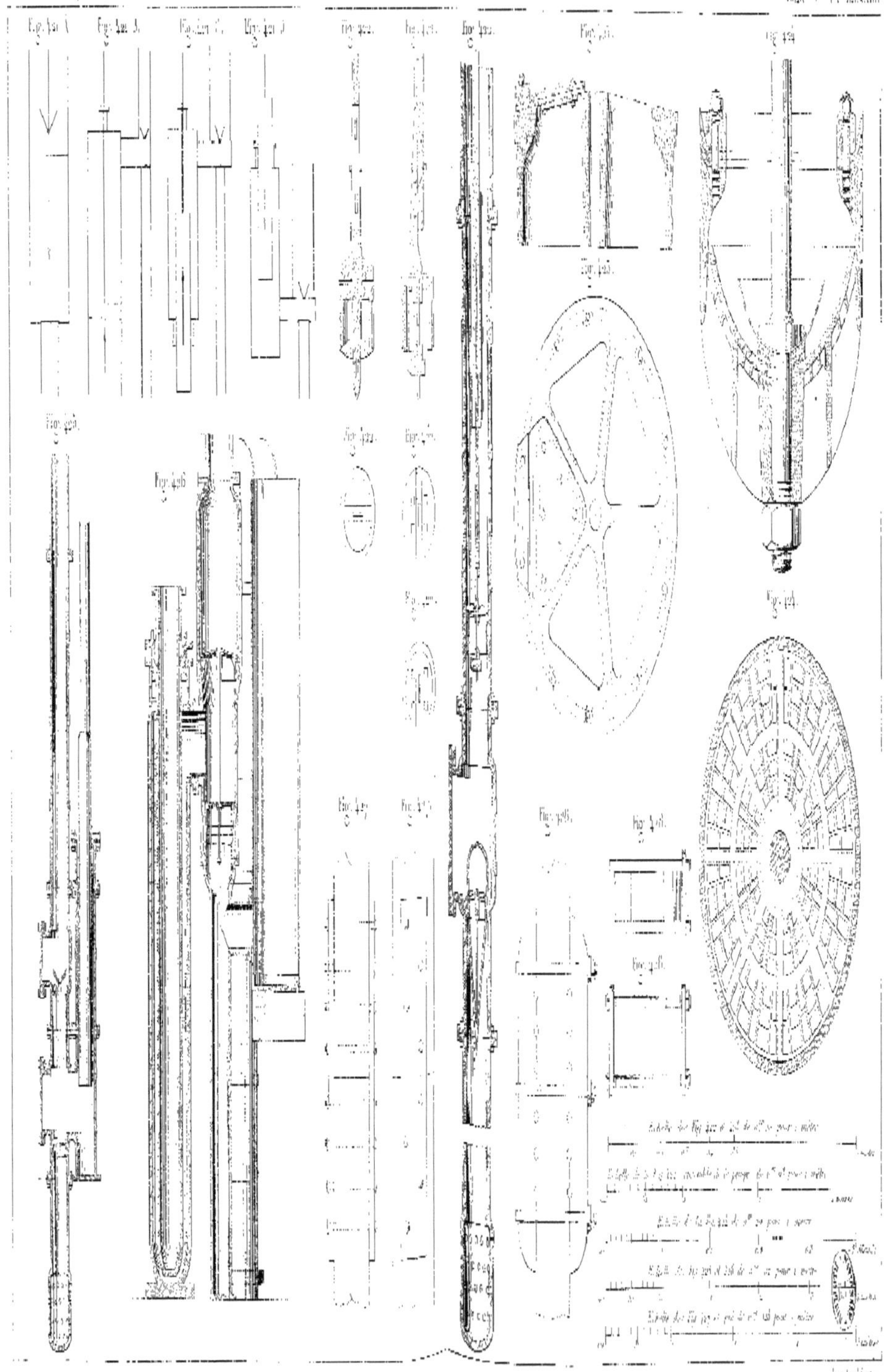
J. CALLON, Exploitation des Mines.
POMPES. ENSEMBLES ET DÉTAILS.
Tome II. Pl. LXXXIII.

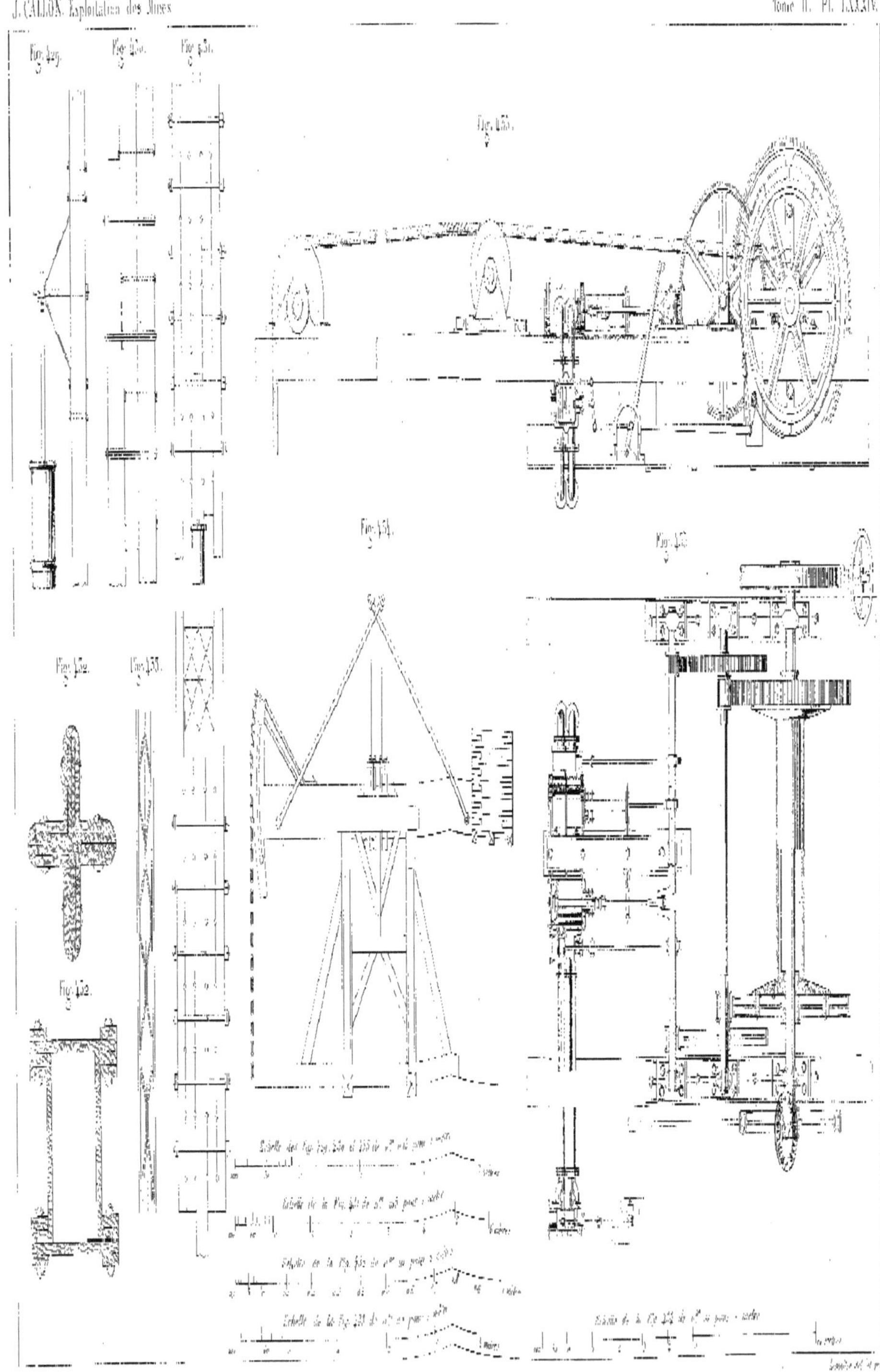
Fig. 449.
Fig. 450.
Fig. 451.
Fig. 453.
Fig. 454.
Fig. 455.
Fig. 456.
Fig. 452.
Fig. 457.

J. CALLON, Exploitation des Mines.

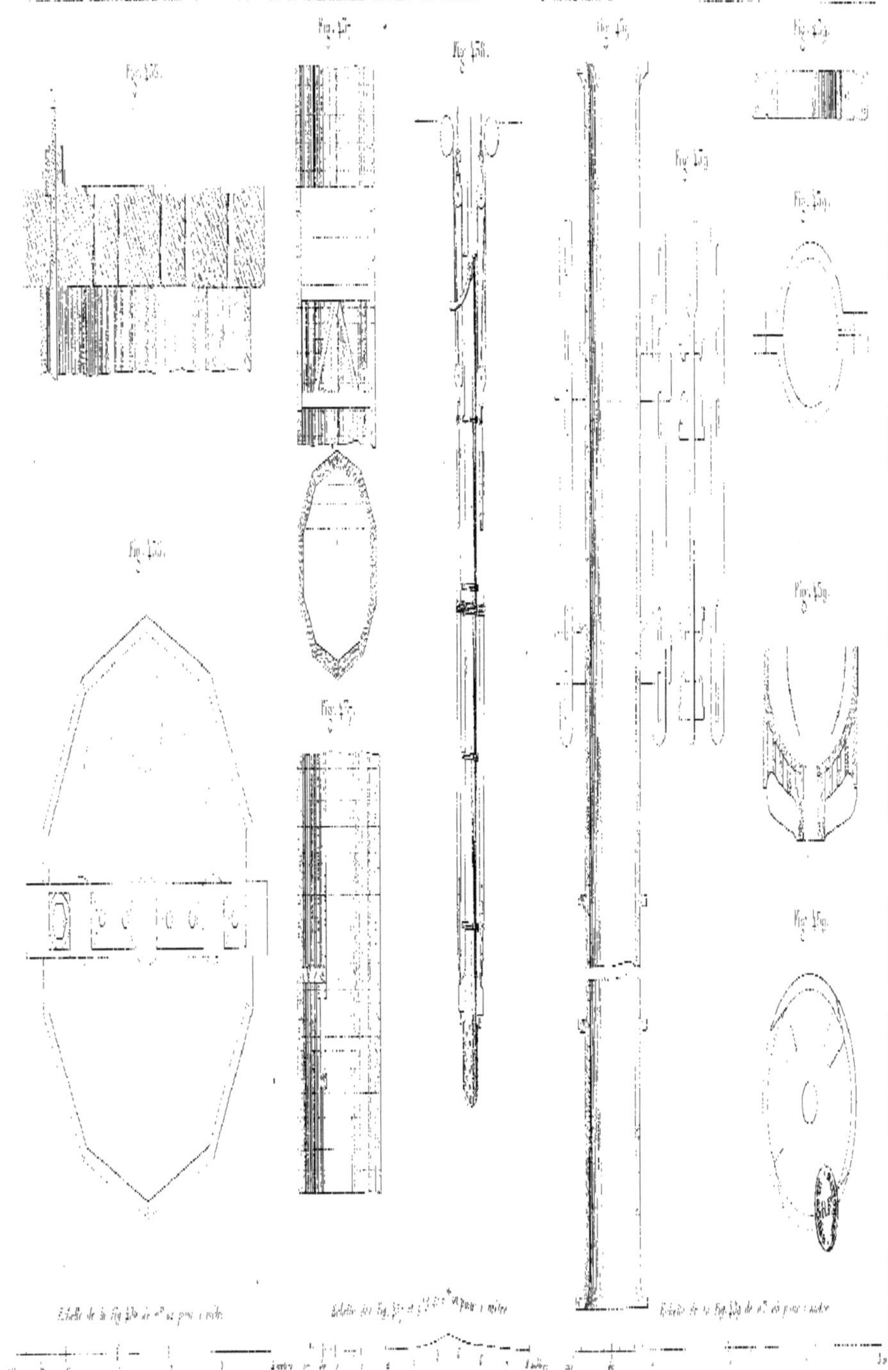

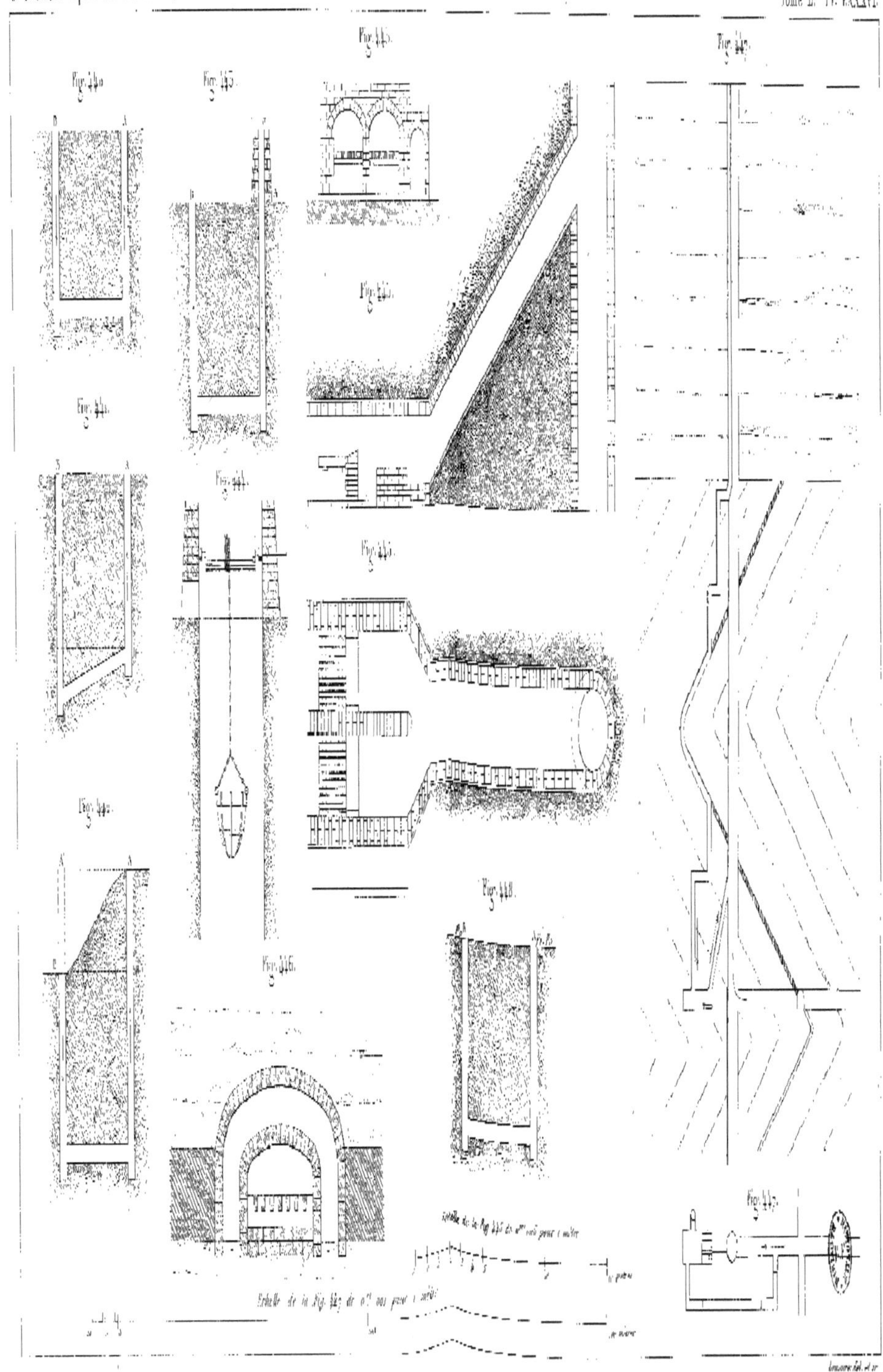
J. CALLON. Exploitation des Mines.
Tome II. Pl. LXXXVI.
Fig. 440.
Fig. 445.
Fig. 443.
Fig. 442.
Fig. 441.
Fig. 444.
Fig. 447.
Fig. 445.
Fig. 446.
Fig. 448.
Fig. 449.
Échelle de la fig. 442 de 0m 001 pour 1 mètre.
Lecomte del. et sc.

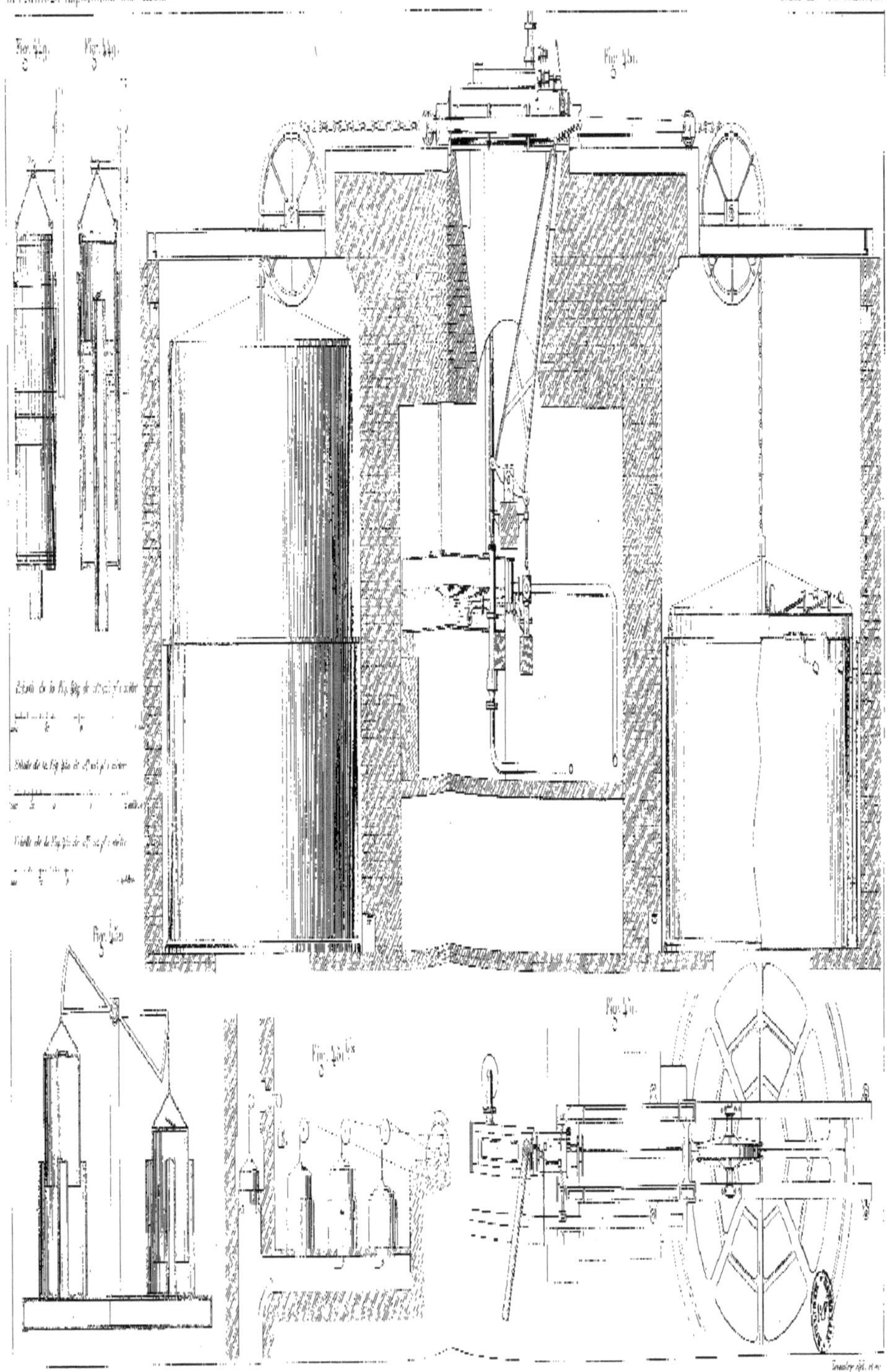

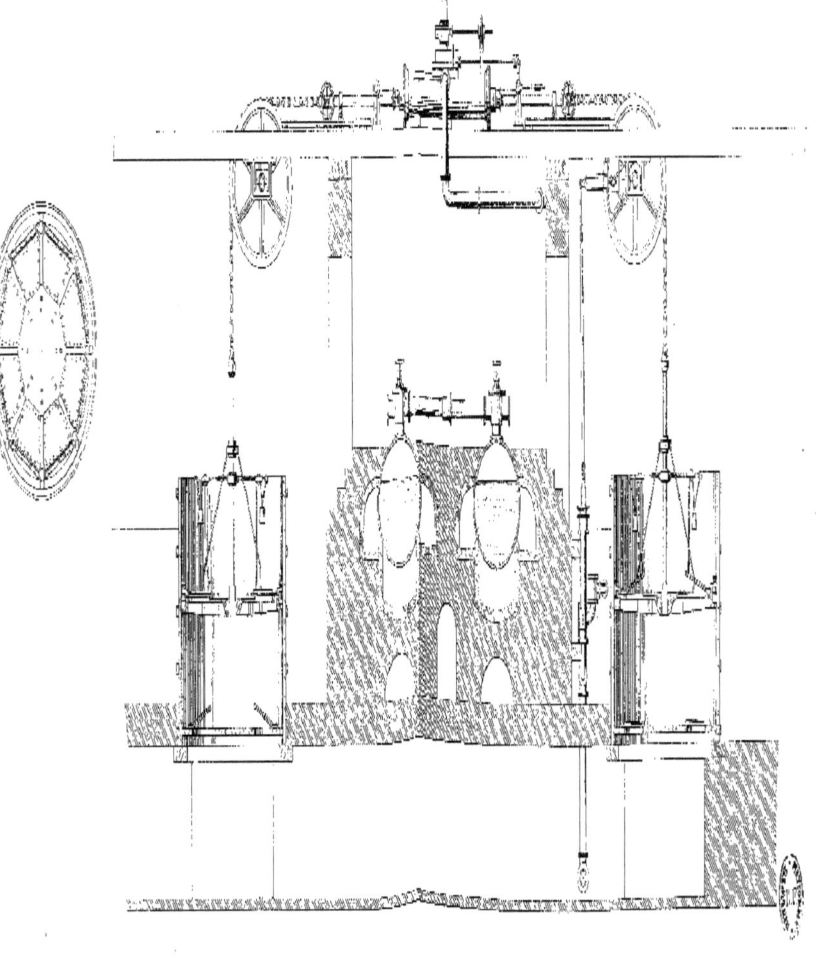

Fig. 48a.
Échelle de 0m,05 pour 1 mètre

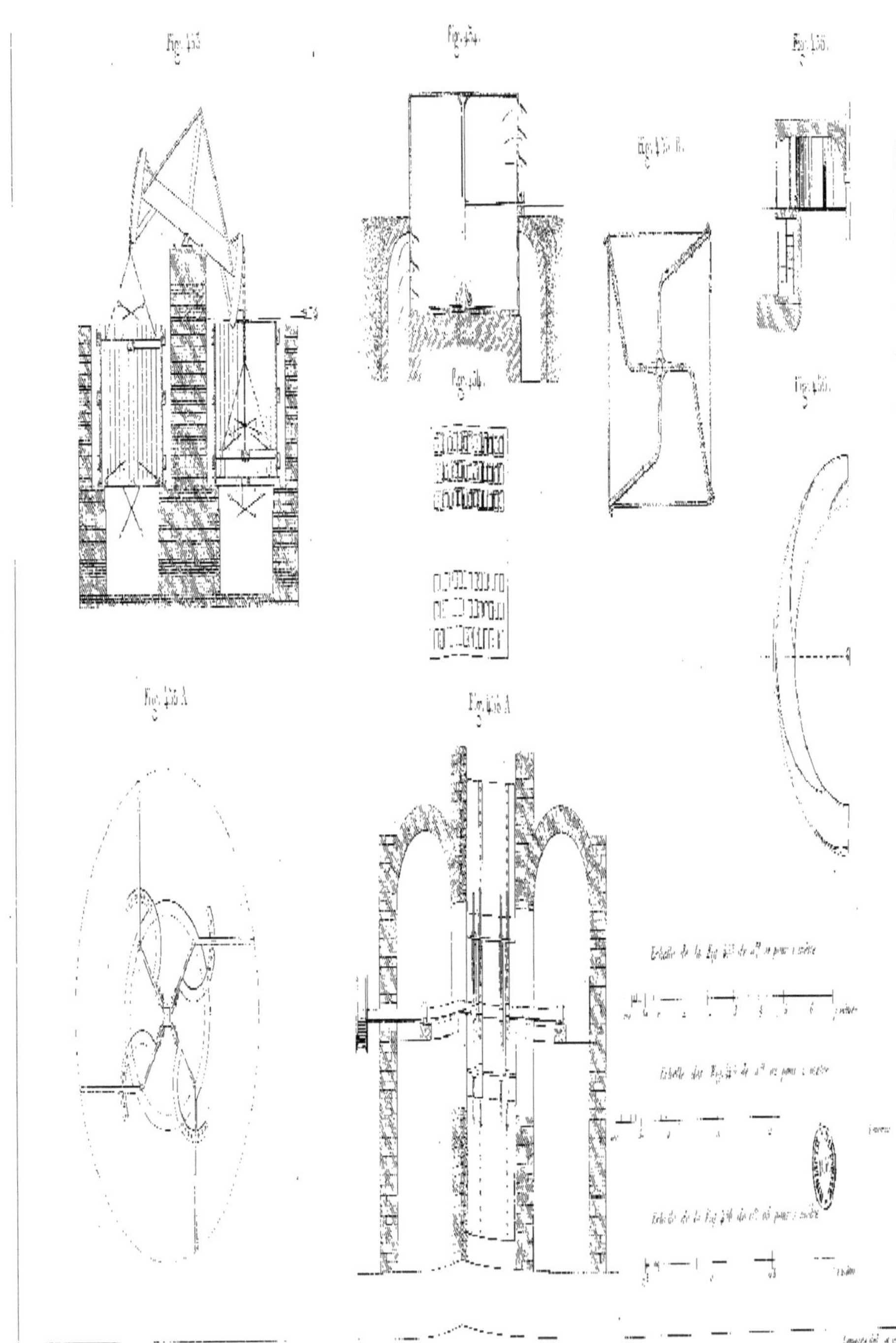

Fig. 453
Fig. 454
Fig. 455
Fig. 453 B.
Fig. 454
Fig. 456
Fig. 453 A
Fig. 454 A
Échelle de la Fig. 453 de 0,01 m pour 1 mètre
Échelle des Fig. 454 de 0,01 m pour 1 mètre
Échelle de la Fig. 456 de 0,01 m pour 1 mètre

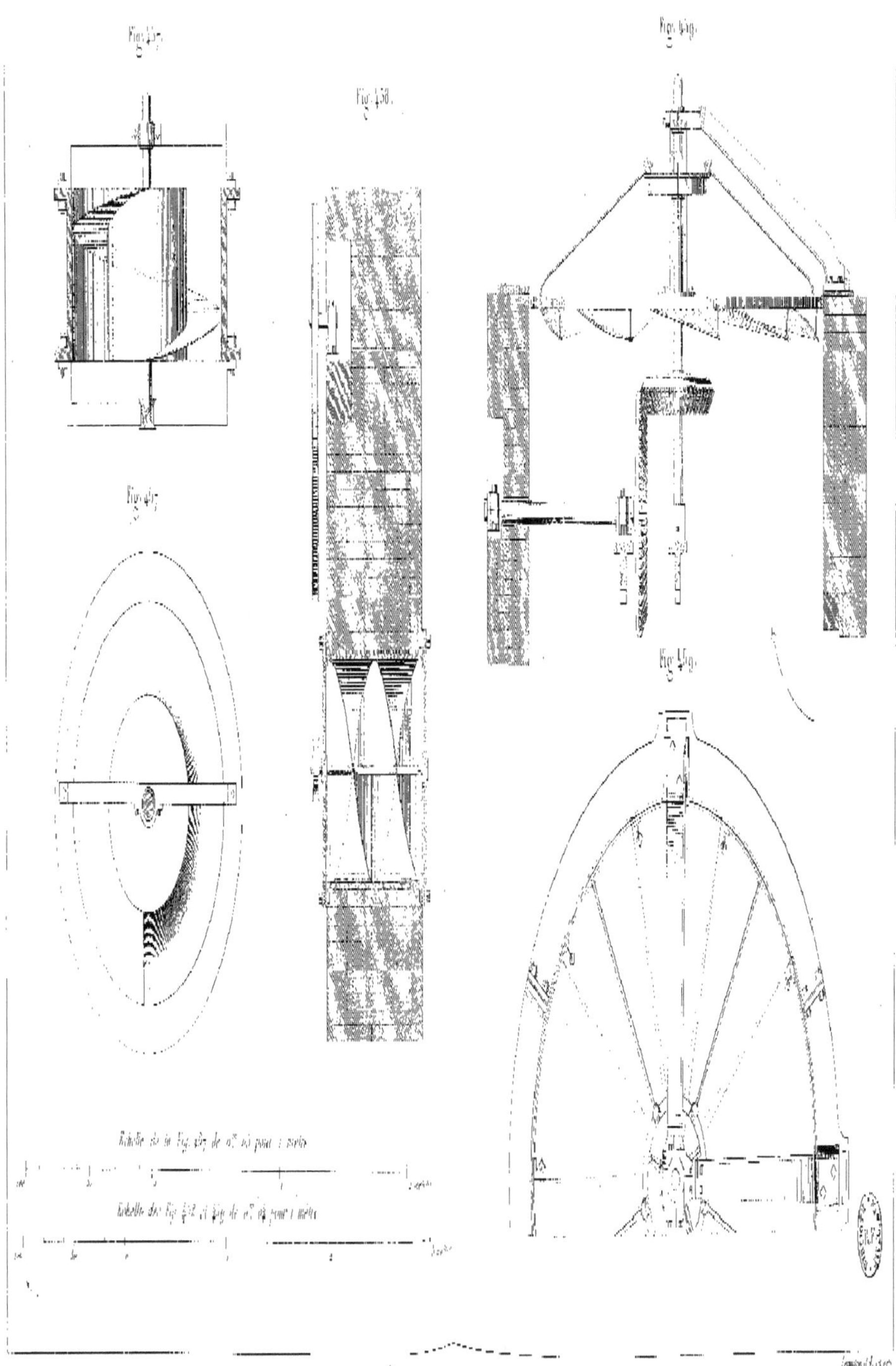
Fig. 457.
Fig. 458.
Fig. 456.
Fig. 457.
Fig. 459.
Échelle de la Fig. 457 de 0m,05 pour 1 mètre.
Échelle des Fig. 458 et Fig. 456 de 0m,02 pour 1 mètre.

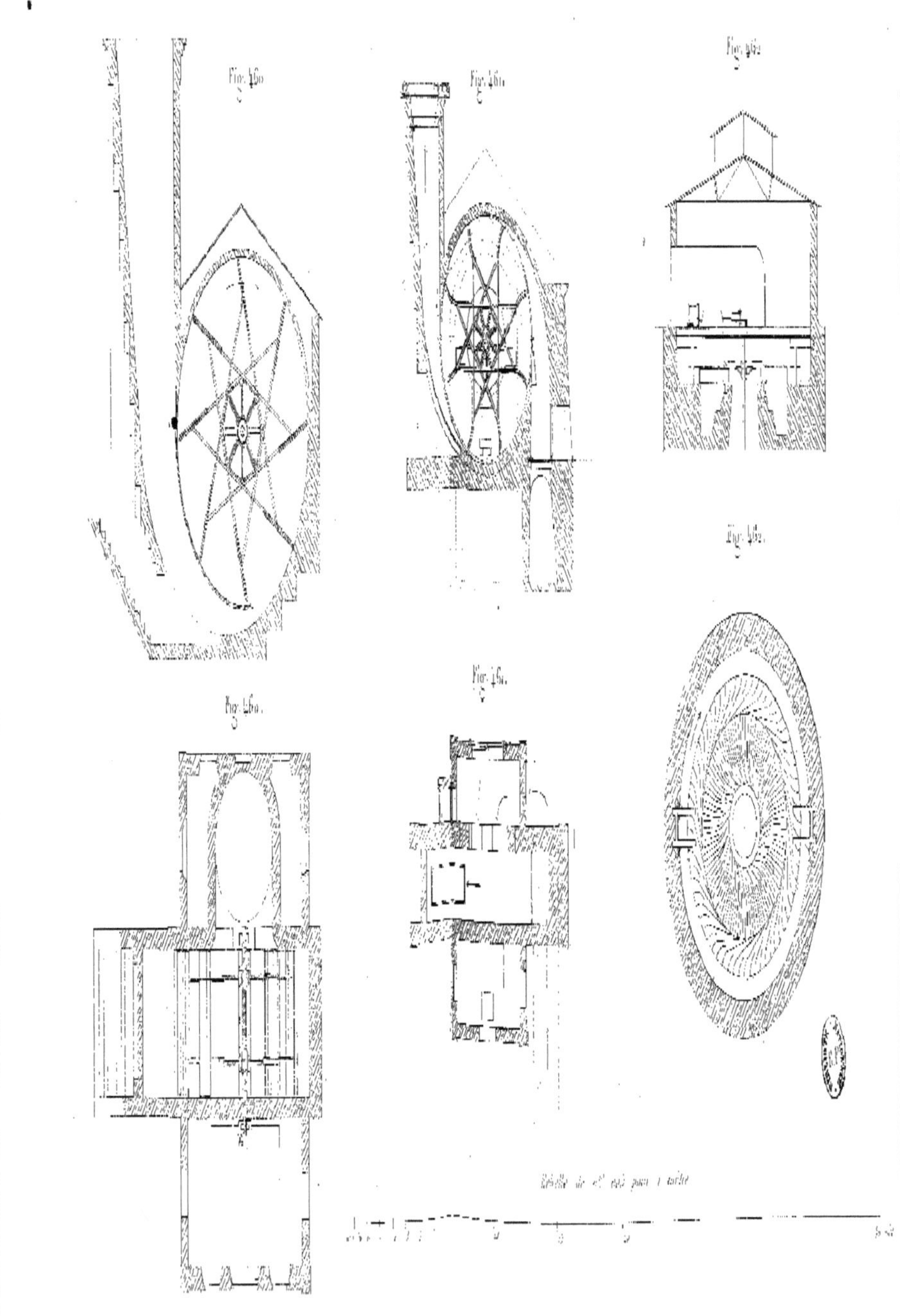
Fig. 456.
Fig. 457.
Fig. 459.
Fig. 458.
Fig. 460.
Fig. 461.
Échelle de 0,01 par mètre pour 1 mètre

Fig. 465.

Fig. 466.

Fig. 464.

Fig. 463.

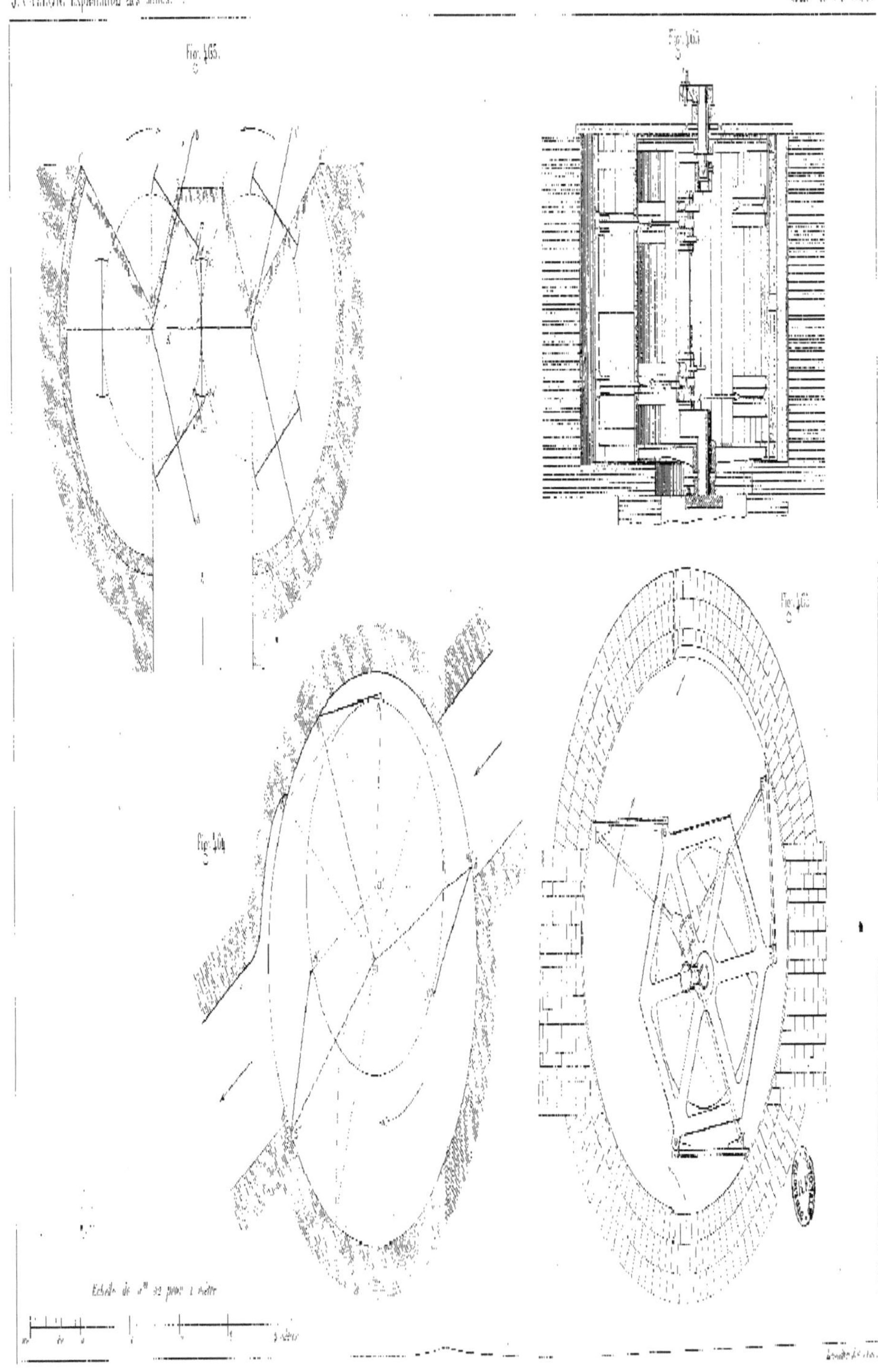

Échelle de 0ᵐ,02 pour 1 mètre.

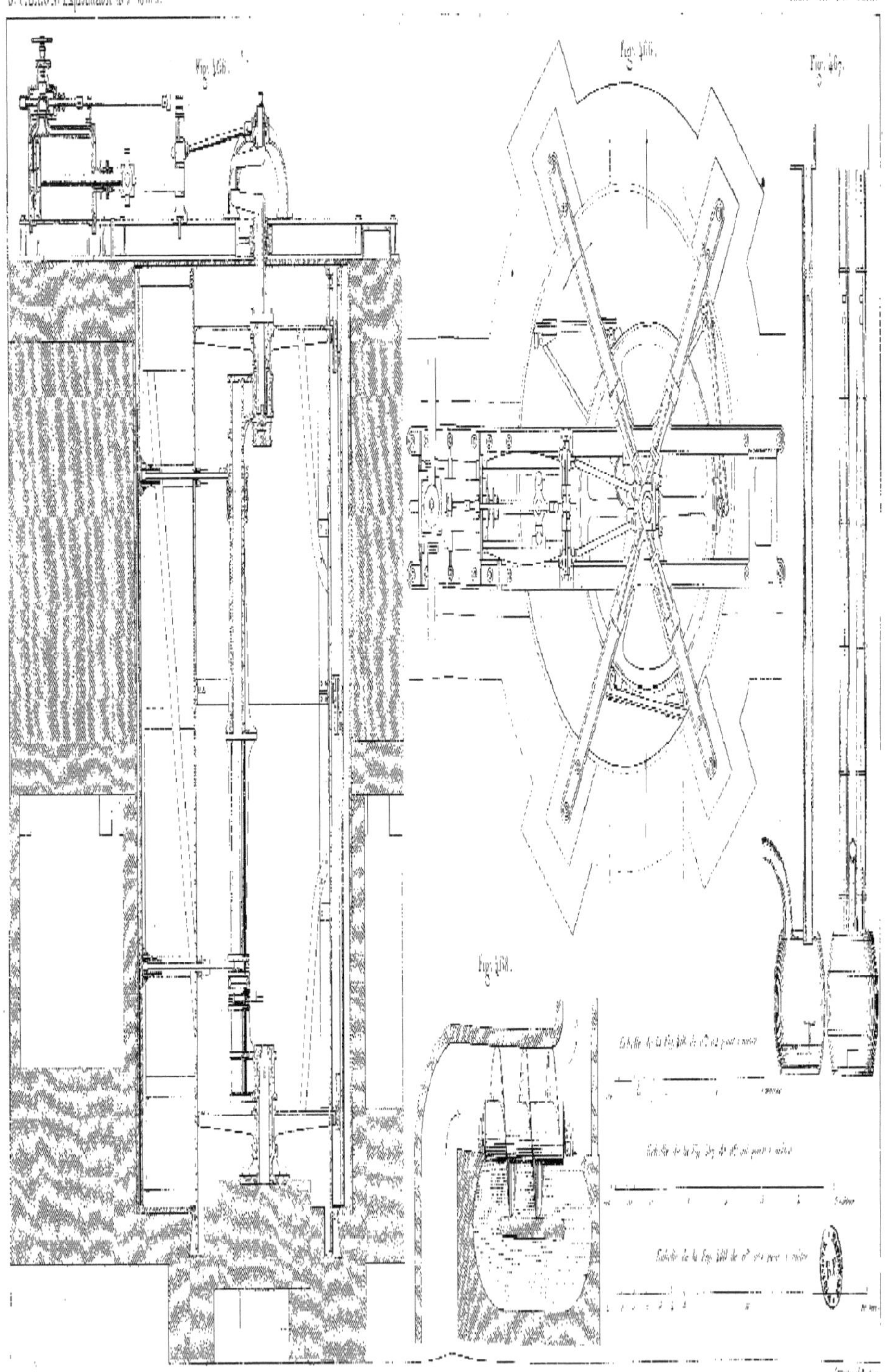
Fig. 466.
Fig. 466.
Fig. 467.
Fig. 468.
Echelle de la Fig. 466 de 0,01 est pour 1 mètre
Echelle de la Fig. 467 de 0,01 est pour 1 mètre
Echelle de la Fig. 468 de 0,01 est pour 1 mètre

J. CALLON. Exploitation des Mines.

Tome II. Pl. XVII.

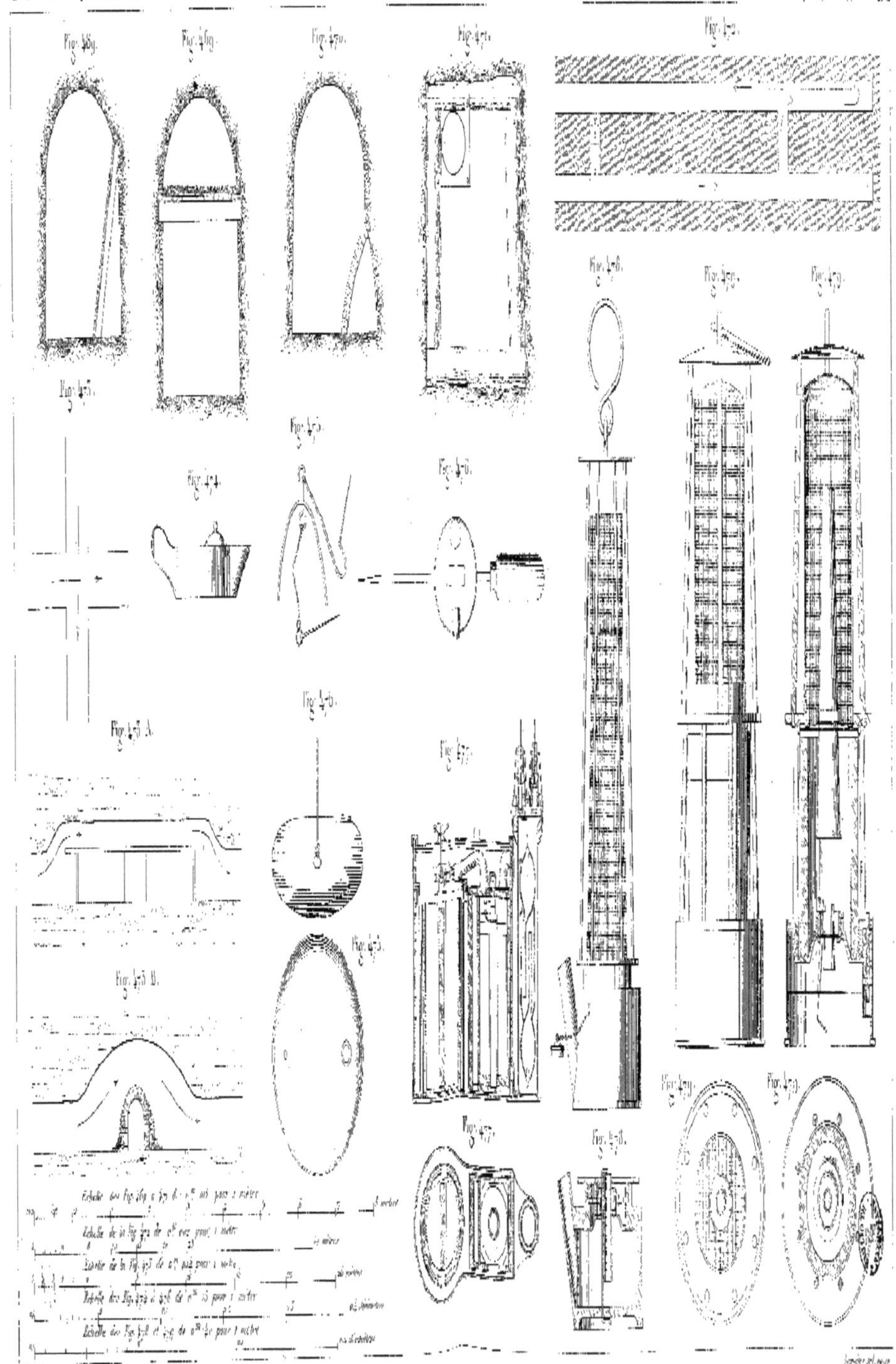